Où tu vas, tu es

Du même auteur
aux Éditions J'ai lu

Au cœur de la tourmente, la pleine conscience, n° 9932

JON KABAT-ZINN

Où tu vas, tu es

Traduit de l'anglais (États-Unis)
par Yolande du Luart

J'AI LU
Bien être

Collection dirigée par Ahmed Djouder

Titre original :
WHEREVER YOU GO, THERE YOU ARE

Pour Myla, Will, Naushon et Serena,
Partout, ici, ailleurs et maintenant.

Remerciements

Je remercie Myla Kabat-Zinn, Sarah Doering, Larry Rosenberg, John Miller, Danielle Levi Alvares, Randy Paulsen, Martin Diskin, Dennis Humphrey et Ferris Urbanowski qui ont lu les premières ébauches de ce manuscrit et qui m'ont éclairé de leurs précieux encouragements. Je voudrais également remercier Trudy et Barry Silverstein qui ont mis à ma disposition le Rocky Horse Ranch durant les premiers temps d'un travail d'écriture intensif, ainsi que Jason et Wendy Cook pour les aventures Western de cette période merveilleuse. J'exprime ma profonde gratitude à mes éditeurs, Bob Miller et Mary Ann Naples, pour leur goût de la perfection et le plaisir de travailler avec eux. Je remercie enfin la famille Hyperion, l'agent littéraire Patricia Van der Leun, Dorothy Schmiderer Baker, maquettiste, et Beth Maynard, artiste, pour le soin et l'attention qu'elles ont donnés à la naissance de ce livre.

Remerciements

[illegible] Isabel [illegible], Susan Dorrius, [illegible] Gilbert, Camille [illegible], [illegible] Dick, Dennis [illegible], [illegible] Shaw, [illegible] lui [illegible] qu'ils m'ont [illegible] Marc [illegible] Cook [illegible] (ou NPR [illegible] Harry [illegible] Jerry [illegible] [illegible] livre.

Préface à l'édition française

« ... Tout le malheur des hommes vient d'une seule chose, qui est de ne pas savoir demeurer en repos dans une chambre » (*Pensées 1*). Pascal fait allusion ici à la fuite des hommes dans l'agitation et la poursuite du plaisir pour éviter de « penser à soi ». L'art de cultiver la quiétude et la clarté dans sa propre vie se concrétise dans la discipline quotidienne de la méditation. Mais la méditation ne consiste pas seulement à être tranquille et détendu ; elle implique un engagement entier dans toutes les activités de la vie, tout en maintenant le contact avec ce point immobile à l'intérieur de soi, d'où émanent la sagesse et la compassion.

Les pratiques les plus sophistiquées et les plus systématiques pour cultiver la conscience méditative, ou *pleine conscience*, ont été développées dans la tradition bouddhique ; celle-ci néanmoins, de par son essence universelle, s'adresse autant aux Occidentaux qu'aux Orientaux. Elle consiste en une certaine manière de *diriger son attention*, en utilisant au maximum les capacités de son esprit et de son corps au cours d'un travail de toute une vie : il s'agit d'apprendre, de grandir, de guérir et de communiquer. Et, détail appréciable, la pleine conscience peut se pratiquer chez soi ou partout ailleurs, sans devoir suivre un enseignement spécifique.

Il est intéressant d'observer que la notion de pleine conscience commence à s'intégrer aux courants dominants de la société américaine. Ses principes et ses effets sont appliqués dans de nombreuses structures médicales. Durant ces seize dernières années, plus de huit mille personnes ont participé à notre programme d'initiation à la pleine conscience dans la Clinique de réduction du stress du centre médical de l'Université du Massachusetts. Aujourd'hui des programmes similaires fonctionnent dans de nombreux hôpitaux et cliniques aux États-Unis, de même qu'au Canada, en Grande-Bretagne et en Allemagne. Notre clinique est un service externe du Département de médecine où les médecins peuvent envoyer leurs patients en complément aux traitements traditionnels, ou lorsque ceux-ci s'avèrent insuffisants. Dans ce service, les malades apprennent les fondements de la méditation de la pleine conscience et ses applications pratiques dans la vie quotidienne. On leur enseigne aussi comment utiliser la méditation pour faire face et travailler avec le stress, la douleur et les difficultés de la vie. Les médecins nous envoient des patients atteints des maladies les plus diverses qui incluent affections cardio-vasculaires, maladies chroniques, cancer, sida, problèmes gastro-intestinaux, maladies de peau, etc., sans oublier les symptômes d'anxiété, de panique et le stress de la vie ordinaire dans notre monde qui s'accélère à une vitesse grand V.

L'âge de nos patients varie de dix-sept à quatre-vingt-cinq ans. Ils viennent de toutes les couches de la société. Souvent, les médecins eux-mêmes décident de participer au programme de la clinique en constatant les effets bénéfiques sur leurs malades et combien leur vie a changé. Nos études, publiées dans des revues médicales, sur les effets cliniques de la pratique de la pleine conscience suggèrent que les gens peuvent influencer profondément leur qualité de vie et leur santé en exerçant une vigilance accrue aux activités du corps, de la pensée et des sensations.

Mes collègues et moi-même avons ainsi formé à la pratique de la pleine conscience des groupes de prêtres catholiques, des juges, des athlètes universitaires et olympiques, une équipe professionnelle de l'Association nationale de basket-ball, des hommes d'affaires éminents, des enfants et des membres de la police. Le développement récent des cliniques de réduction du stress démontre que la pleine conscience devient une part importante du mode de vie de millions d'Américains. Un besoin similaire commence à naître dans d'autres pays occidentaux.

Je cultive l'espoir que cette pratique d'une simplicité limpide et d'une profonde délicatesse vous intéressera suffisamment pour prendre racine dans votre être, irriguant le sol de votre vie où elle croîtra, fleurira et vous nourrira, d'un instant à l'autre, jour après jour.

JON KABAT-ZINN, Ph.D., 3 février 1995.

Introduction

C'est l'évidence même. Partout où l'on va, on est avec soi-même. Nulle part où se fuir. Une question se pose, alors : « Et maintenant, que faire ? »

Qu'on le veuille ou non, c'est justement sur cet instant-là qu'il faut travailler. Car nous menons trop souvent nos vies comme si nous oubliions que nous sommes *ici*, que nous sommes déjà en plein dans le moment présent. À chaque instant de notre vie, nous sommes à la croisée des chemins d'*ici* et de *maintenant*. Mais lorsque nous oublions momentanément où nous sommes, nous nous sentons perdus. Quand je dis perdu, je veux dire que, momentanément, nous n'avons plus de contact avec notre moi profond, avec toutes nos possibilités latentes. Dans notre manière de voir, de penser et d'agir, nous nous conduisons le plus souvent comme des robots. Nous perdons contact avec notre vie intérieure qui nous permet de créer, d'apprendre et de grandir. Si nous n'y prenons pas garde, ces moments embrumés peuvent se prolonger et envahir notre vie entière.

En général, nous sommes plutôt préoccupés par ce qui est déjà arrivé dans le passé, ou par un avenir qui n'est pas encore là. Nous cherchons un *ailleurs* où nous espérons que tout sera meilleur ou comme avant. La plupart du temps, nous avons à peine conscience du conflit que cela provoque en nous.

Par exemple, nous assumons automatiquement que nos idées et nos opinions sur ce qui se passe autour de nous et ce qui se passe à l'intérieur de nous sont *la* vérité. Nous payons cher ces suppositions non vérifiées, cette évacuation délibérée de la richesse de nos moments présents. Les rejets s'accumulent en silence, encombrant notre vie sans même que nous en ayons conscience. Ainsi, nous demeurons ensevelis sous les pensées, les fantasmes, les pulsions du passé et du futur. Nous restons accrochés à nos goûts, à nos habitudes, à nos peurs qui brouillent notre sens de l'orientation et nous dissimulent le lieu même où nous nous trouvons.

Le thème de ce livre tourne autour du : Comment se réveiller de ces rêves et des cauchemars qui les accompagnent souvent. Les bouddhistes nomment ignorance, inattention, le fait de ne pas savoir que l'on fait partie soi-même d'un rêve immense, d'une illusion gigantesque. Toucher du doigt cette ignorance conduit à l'état de « pleine conscience ». La méditation consiste à se réveiller de cet état de rêve. C'est la culture systématique de l'éveil, de la conscience du moment présent. Ce travail correspond aussi à ce que nous appelons la sagesse, à une vision du principe de causalité et de la corrélation entre toutes les choses de l'univers. Nous ne sommes plus conditionnés par nos fantasmes.

Pour retrouver notre chemin, nous sommes obligés de « faire attention » au moment présent. C'est le seul temps dont nous disposons pour vivre, grandir, sentir et changer. Nous sommes obligés de nous protéger des forces contraires de Charybde et de Scylla qui nous tiraillent entre le passé et l'avenir et nous proposent Disneyland au lieu de la vie réelle.

Quand nous parlons de méditation, il faut savoir qu'il ne s'agit pas d'une pratique exotique et ésotérique réservée à quelque zombie narcissique et nombriliste, ou à un dévot mystique ou encore à un expert en philosophie orientale. La méditation aide simplement à être soi-même et à mieux se connaître. C'est se rendre compte qu'on est sur un chemin qui est le nôtre, qu'on le veuille ou non. C'est un moyen de s'apercevoir que cette voie que nous appelons notre vie se déroule un moment après l'autre.

Comme l'instant présent influence l'instant suivant, n'est-il pas naturel de faire le point de temps en temps, d'être en contact direct avec ce qui se passe en nous et autour de nous afin de percevoir clairement la direction que nous prenons ? Peut-être déciderons-nous alors de changer de cap selon une direction qui correspond mieux à notre moi profond – un cap selon notre cœur – notre voie.

Si nous ne prenons pas cette peine, l'impulsion de notre inconscient dirigera la succession d'instants suivants. Ainsi s'écouleront les jours, les mois, les années sans même que nous y prêtions attention, que nous en fassions bon usage ou que nous en ayons profité.

Il est plus facile de se laisser glisser dans le brouillard jusqu'à la tombe que de devenir lucide. Parfois, dans la clarté aveuglante qui précède l'instant de la mort, nous nous réveillerons pour nous apercevoir que tout ce que nous avons cru important pendant toutes ces années n'était que des demi-vérités basées sur la peur ou l'ignorance. Notre vraie vie aurait pu être tout autre.

Personne ne peut faire ce travail d'éveil à notre place. Souvent notre famille ou nos amis essaient désespérément de nous tirer de notre sommeil, de notre aveuglement. Mais en fin de compte, cet éveil nous incombe à nous seuls. Où que *nous* allions, *nous* sommes toujours là. C'est *notre* vie qui se déroule.

À la fin d'une longue vie vouée à l'enseignement de la pleine conscience, le Bouddha dit à ses disciples qui espéraient sans doute une recette pour trouver leur voie :

« Soyez votre propre lumière. »

Dans mon livre précédent, *Full Catastrophe Living* [1], j'ai tenté de rendre accessible la voie de la pleine conscience à des gens qui n'avaient rien à faire du bouddhisme ou d'une quelconque mystique. Des gens qui souffraient d'une grande douleur physique et morale ou qui craquaient sous l'effet du stress de leur vie quotidienne. Ce livre comprenait également des informations sur le stress et la maladie, la santé et la guérison ainsi que des instructions détaillées sur les exercices de méditation.

Mais je ne prétends pas que la pleine conscience soit la panacée ni la recette miracle des problèmes de l'existence. Loin de là. Je ne connais aucune solution magique, et franchement, je n'en cherche pas. Une vie bien remplie est tracée de traits pleins dans un espace vide – à la façon d'une peinture chinoise.

---

1. Éditions États-Unis, USA, 1990.

Full Catastrophe Living s'adressait surtout à nos malades de la Clinique de réduction du stress du centre médical de l'Université du Massachusetts. J'avais été poussé à écrire ce livre en constatant les remarquables transformations physiques et mentales de nombreux patients qui, mettant de côté les problèmes qui les avaient amenés à la clinique, s'étaient investis pendant huit semaines, dans une discipline intensive d'ouverture et d'attention qui caractérise la pratique de la pleine conscience.

Ce livre-ci est différent. Il s'adresse tout spécialement aux gens qui ont des résistances à l'encontre de programmes structurés et qui n'aiment pas qu'on leur dise ce qu'il faut faire.

Pour ceux qui pratiquent déjà la méditation et qui désirent approfondir et renforcer leur état de conscience et leur intuition, quelques brefs chapitres leur montreront le sens de la pratique et son application dans la vie quotidienne. Chaque chapitre correspond à l'une des facettes du diamant de la pleine conscience. Chaque aspect en est différent, unique.

Cette exploration est offerte à ceux qui recherchent plus de sagesse et d'équilibre dans leur vie. Cela requiert un esprit de générosité et d'acceptation envers soi-même – une ouverture à tous les possibles.

Première partie

L'éclosion de l'instant présent

« Le jour se lève seulement à mon éveil. »

Henry David Thoreau, *Walden*.

Qu'est-ce que la pleine conscience ?

La pleine conscience est une ancienne pratique bouddhiste qui s'applique parfaitement à nos vies contemporaines. Cette pratique a peu à voir avec l'enseignement de la philosophie bouddhiste, mais elle a tout à voir avec l'éveil de notre conscience et le désir de vivre en harmonie avec soi-même et le monde qui nous entoure. Il s'agit de prendre conscience de qui nous sommes, d'un questionnement sur le monde et de notre place dans le monde. Il s'agit d'apprécier la plénitude de chaque moment que nous vivons et surtout, d'être en contact avec notre être dans sa plénitude.

Du point de vue bouddhiste, notre état de veille ordinaire est très limité et contraignant. La méditation nous aide à sortir de cet automatisme inconscient, nous donnant ainsi la possibilité de réaliser toutes nos capacités conscientes et inconscientes.

Des sages, des yogis, des maîtres zen ont exploré systématiquement ce domaine depuis des siècles ; ce faisant, ils ont découvert des horizons qui peuvent être bénéfiques à l'Occident dont la culture est davantage orientée vers le contrôle et la domination de la nature par l'homme. Nous avons négligé le fait que nous faisons également partie de la nature. L'expérience collective de ces maîtres nous apprend qu'en explorant l'essence de notre psyché et son fonctionnement nous pourrions vivre avec plus d'harmonie et de sagesse. Ils présentent aussi une conception du monde complémentaire à l'esprit matérialiste et réducteur qui domine actuellement la pensée et les institutions occidentales. Ce point de vue n'est pas l'apanage de la mystique orientale. En 1846, le grand écrivain et philosophe américain Henry David Thoreau, évoquant avec passion le bonheur du moment présent dans la simplicité de sa vie dans la Nouvelle-Angleterre, dénonçait déjà les pièges de la société de consommation et du culte de l'argent.

La pleine conscience est au cœur de la méditation bouddhiste. Le concept fondamental en est simple. Son pouvoir réside dans sa pratique et ses applications. La pleine conscience signifie « faire attention » d'une manière particulière : délibérément, au moment présent et sans jugements de valeur. Cette sorte d'attention nourrit une prise de conscience plus fine, une plus grande clarté d'esprit et l'acceptation de la réalité du moment présent. Cela met en évidence le fait que nos vies sont une succession de moments où nous avons intérêt à être présents.

Une conscience distraite du moment présent crée en nous des problèmes renforcés par nos peurs et notre manque de confiance en nous – problèmes qui ne feront que s'amplifier avec le temps. Ainsi, nous nous sentons parfois enlisés dans les difficultés de la vie, ayant perdu le contact avec la réalité et avec les autres. Nous n'avons plus l'énergie de rassembler nos forces dans une direction précise qui nous apporterait plus de satisfactions et, entre autres, une meilleure santé.

La pleine conscience est un moyen simple mais efficace pour se débloquer, pour prendre contact avec nos propres ressources vitales, pour cultiver notre rapport avec la famille, avec la vie professionnelle, avec le monde et, surtout, avec notre propre personne.

Si cette voie est à la base du bouddhisme, du taoïsme, du yoga, de la tradition des Indiens d'Amérique, nous la trouvons aussi dans les œuvres d'écrivains tels que Ralph Emerson, Henry Thoreau, Walt Whitman ou Novalis. C'est la contemplation du moment présent dans un esprit d'attention et de discernement. C'est le contraire de l'attitude qui consiste à prendre la vie pour argent comptant.

Cette habitude de s'accrocher au temps à venir plutôt qu'au temps présent conduit à une méconnaissance du chemin de la vie où l'on reste trop souvent embourbé. Cela correspond aussi à une méconnaissance de nous-mêmes. Notre perception des autres et du monde autour de nous est limitée.

Les religions, par tradition, ont tenté d'apporter des réponses à ces questions fondamentales. Mais la pleine conscience a peu de choses en commun avec la religion, à part la volonté d'approfondir le mystère de la vie et notre interdépendance avec tout ce qui existe.

Lorsque nous nous engageons à « prêter attention », avec un esprit ouvert, dénué de tout préjugé, en faisant abstraction de nos sympathies ou de nos antipathies, de nos projections et de nos espoirs, de nouvelles possibilités s'ouvrent à nous qui nous permettent de nous libérer de la camisole de force de l'inconscient.

J'aime définir la pleine conscience comme un art de vivre. Il n'est pas nécessaire d'être un bouddhiste ou un yogi pour le pratiquer. En fait, si vous êtes tant soit peu familier avec le bouddhisme, vous saurez que la chose la plus importante est d'être soi-même et non pas d'essayer de devenir quelqu'un que vous n'êtes pas déjà. Le mot « bouddha » signifie celui ou celle qui s'est éveillé à sa vraie nature.

Ainsi, la pleine conscience n'entre pas en conflit avec des concepts religieux – ou scientifiques – et n'essaie pas de propager un système de pensée ou une idéologie. C'est simplement un procédé pratique pour développer le potentiel de chacun. Le processus n'a rien d'une analyse froide et insensible. Au contraire, ses attributs sont la douceur, l'appréciation du moment présent, l'amour de soi et des autres.

*

Un disciple a dit un jour :

« Quand j'étais bouddhiste je rendais fous ma famille et mes amis, mais maintenant que je suis devenu un bouddha, je ne dérange plus personne. »

Simple mais pas facile...

Si la pratique de la pleine conscience paraît simple, elle n'est pas nécessairement facile. Elle exige beaucoup d'efforts et de discipline parce que les forces qui nous empêchent de « faire attention », c'est-à-dire nos habitudes et nos réactions automatiques, sont extrêmement tenaces. Ces habitudes sont si fortes et tellement ancrées en nous qu'il faut un engagement certain et un travail régulier pour atteindre et soutenir cet état de pleine conscience. Mais ce travail est satisfaisant car il nous dévoile de nombreux aspects de nos vies que nous perdons de vue habituellement.

Ce travail est également révélateur car il nous permet littéralement de voir avec plus d'acuité des domaines de notre existence que nous préférions ignorer. Cela peut mettre en lumière des émotions profondément enfouies – tristesse, douleur, amour-propre blessé, colère, peur –, sentiments d'habitude refoulés dans notre inconscient.

La pleine conscience nous aide, par ailleurs, à goûter des sentiments de joie ou de paix qui passent souvent inaperçus. Ce travail nous confère aussi un certain pouvoir, car il donne accès à des ressources de créativité, d'intelligence, de clarté, dont nous ne soupçonnions pas l'existence.

Nous sommes peu conscients du fait que nous pensons tout le temps. Le flux de pensées incessantes qui traverse notre esprit nous laisse peu de temps pour une plage de calme intérieur. Nous avons bien peu de temps pour nous, pour arrêter un instant cette agitation perpétuelle. Nos actes quotidiens sont le plus souvent propulsés par des pensées et des pulsions ordinaires qui envahissent notre cerveau comme un torrent submergeant nos vies. Cela nous entraîne parfois en des lieux que nous ne souhaitions pas visiter.

Par la méditation, nous apprendrons à échapper à ce courant, à nous asseoir sur le bord du torrent, à l'écouter, à apprendre ce qu'il a à nous dire, et ensuite à canaliser ses énergies pour nous guider, au lieu de nous faire violence. Ce processus ne se fait pas tout seul, comme par magie. Cela demande de l'énergie. Nous nommons l'effort de cultiver notre concentration dans le moment présent la « pratique » ou la « pratique de méditation ».

*

Question : Comment puis-je mettre de l'ordre dans un chaos dont je ne suis même pas conscient ?

Nisargadatta : En demeurant en toi-même... En t'observant avec un intérêt alerte dans ta vie quotidienne, avec l'intention de comprendre au lieu de juger, en acceptant sans réserve tout ce qui peut émerger, parce que c'est là. Ainsi, tu encourages le profond à remonter à la surface et, avec ses énergies captives, à enrichir ta vie consciente. C'est le grand travail de la conscience. Il enlève les obstacles et libère les énergies par la compréhension de l'essence de la vie et de l'esprit. L'intelligence est la porte de la liberté et l'attention alerte est la mère de l'intelligence.

NISARGADATTA MAHARAJ, *Je suis cela.*

Faire une pause

On pense généralement que la méditation est une activité particulière, mais ce n'est pas tout à fait exact. Méditer, c'est la simplicité même. Nous disons parfois en plaisantant :

— Ne fais pas n'importe quoi. Assieds-toi là.

Mais la méditation ne consiste pas seulement à prendre la posture assise. Il s'agit de faire une pause en étant présent. C'est tout. Le plus souvent, nous passons notre temps à courir dans tous les sens. Êtes-vous capable d'arrêter votre vie, même pour un seul instant ? Pourquoi pas à cet instant-ci ? Qu'arriverait-il si vous le faisiez ?

Un bon truc pour arrêter cette activité frénétique est de se mettre dans le « mode de l'être » pour un moment. Se penser comme un éternel témoin, en dehors du temps. Observer ce moment sans essayer de changer quelque chose. Qu'est-ce qui se passe ? Que ressentez-vous ? Que voyez-vous ? Qu'entendez-vous ?

Quand on s'arrête, ce qui est étrange, c'est qu'on est entièrement dans l'instant présent. Les difficultés s'estompent. D'une certaine manière, c'est un peu comme si l'on mourait pendant que la vie continue. Si nous mourions réellement, toutes nos obligations et nos responsabilités s'évaporeraient. Ce qui en resterait serait réglé sans nous. Personne ne peut continuer notre agenda personnel. Il s'éteindra avec nous comme pour tous ceux qui sont morts en pleine activité. Il n'est donc pas nécessaire de s'en préoccuper outre mesure.

Si ce que je vous dis est vrai, nous n'avons peut-être pas besoin de passer ce coup de téléphone tout de suite, même si nous en avons envie. Nous n'avons peut-être pas besoin de lire cet article maintenant ni de faire cette course. En prenant quelques instants pour « mourir délibérément » à la course du temps pendant que nous sommes encore en vie, en « donnant le temps au temps » comme on dit, nous libérons le moment présent. En « mourant » ainsi nous devenons, en vérité, plus vivants.

Voilà ce que « faire une pause » peut donner. Ce n'est pas un acte passif. Et quand on décide de repartir, la vie est plus intense, parce que l'on s'est arrêté. La pause rend le mouvement qui suit plus riche en densité et en intensité. Elle nous aide à avoir une meilleure perspective sur nos soucis et nos insécurités. Elle nous guide.

EXERCICE :
S'arrêter, s'asseoir et prendre conscience de sa respiration une ou deux fois dans la journée. Cela

peut prendre cinq minutes ou cinq secondes. Lâcher prise en acceptant pleinement le moment présent, y compris ce que l'on ressent et ce que l'on perçoit autour de soi. Durant ces instants, ne rien essayer de changer. Respirer et lâcher prise. Respirer et laisser venir. Se permettre de laisser venir ce moment tel qu'il est et d'être exactement tel que l'on est. Ensuite, lorsqu'on se sent prêt, aller dans la direction indiquée par son cœur, avec résolution et « pleine conscience ».

Tout est là !

Une caricature du *New Yorker* : deux moines zen aux crânes rasés, en habit de moine, l'un jeune, l'autre vieux, sont assis par terre en tailleur, l'un à côté de l'autre. Le plus jeune regarde son compagnon d'un air perplexe. Celui-ci vient de lui dire :

« Rien d'autre ne se passera. Tout est là. »

Effectivement, quand nous entreprenons quelque chose, il est naturel d'attendre que nos efforts soient récompensés. Nous voulons un résultat. Rien qu'une sensation agréable. La seule exception qui me vient à l'esprit est celle de la méditation. C'est l'unique activité humaine, accomplie systématiquement et volontairement, par laquelle nous ne devons ni rechercher un résultat ni nous perfectionner – seulement être conscients. C'est sans doute cela qui en fait sa valeur. Peut-être avons-nous tous besoin de faire un acte gratuit ?

Mais il n'est pas tout à fait correct de dire que la méditation relève du « faire ». C'est plus un état qu'une action. Quand nous comprenons que « tout est là », nous pouvons abandonner le passé et l'avenir et nous éveiller à ce que nous sommes maintenant, dans le moment présent.

En général, les gens ne saisissent pas cela tout de suite. Ils veulent méditer pour se détendre, pour expérimenter une sensation spéciale, pour devenir meilleurs, pour réduire leur stress ou leur douleur, pour se débarrasser de leurs habitudes, pour être libérés ou éveillés.

Toutes ces motivations sont valables pour commencer à pratiquer la méditation, mais elles posent problème dès qu'on s'attend à ce qu'elles se réalisent. On se trouve rapidement pris dans le piège de désirer une « expérience spéciale » ou de rechercher des signes de progrès. Si l'on n'éprouve rien de particulier, on en arrive à douter de la voie que l'on a choisie ou à se demander si on « fait bien ».

Dans la plupart des études ou des pratiques spirituelles, ces demandes sont raisonnables. Tôt ou tard, il est nécessaire de constater une progression pour pouvoir continuer. Mais dans la méditation, c'est différent. Chaque état est privilégié ainsi que chaque moment.

Quand nous lâchons ce désir de quelque chose d'autre à un moment précis, nous avons accompli un grand pas à la rencontre de ce qui est ici, maintenant. Pour aller quelque part, ou pour nous développer en quelque matière que ce soit, il nous faut le faire du lieu où nous nous trouvons. Si nous ne savons pas vraiment où nous en sommes – une connaissance qui nous vient directement de la culture de la pleine conscience –, nous finirons par tourner en rond malgré tous nos efforts et tous nos espoirs. Ainsi, dans la pratique de la méditation, le meilleur moyen d'arriver quelque part est de penser à nulle part...

*

« Quand ton esprit n'est pas encombré de choses inutiles
C'est la meilleure saison de ta vie. »

WU-MEN

EXERCICE :

Se souvenir de temps en temps de : « Tout est là. » Voir s'il existe quelque chose auquel cela ne s'applique pas. Se rappeler que l'acceptation du moment présent n'a rien à voir avec la résignation. C'est simplement la reconnaissance sans ambiguïté que *ce qui se passe est en train de se passer*. L'acceptation ne nous dit pas ce qu'il faut faire. Ce qui arrive ensuite, ce que nous choisissons de faire, provient de notre compréhension du moment présent. Essayer de mettre en pratique la conviction intime que « tout est là ». Est-ce que ça influence notre manière de réagir ? Serait-ce possible d'admettre que *ce moment-ci* est en réalité la meilleure saison, le meilleur moment de notre vie ? S'il en est ainsi, quelle importance cela prendra-t-il pour nous ?

Saisir l'instant présent

Le meilleur moyen de saisir l'instant présent est d'être attentif. C'est ainsi que nous cultiverons la pleine conscience.

La pleine conscience signifie être éveillé. Ou encore, savoir ce que l'on fait. Mais lorsque nous commençons à nous concentrer sur nos pensées, par exemple, il est fréquent de retourner à un état de non-conscience, de se remettre en mode de pilotage automatique. Ces absences sont dues le plus souvent à une profonde aversion pour ce que nous voyons ou nous ressentons en nous-mêmes, d'où surgit le désir de quelque chose de différent, d'un changement radical.

Cette habitude de l'esprit à fuir l'instant présent est aisément vérifiable. Essayons de concentrer notre attention sur un objet quelconque pendant un court instant. Nous nous apercevrons que pour arriver à cette « pleine conscience », il sera nécessaire de se répéter encore et encore qu'il faut être éveillé et conscient. S'efforcer à regarder, à sentir, à être. C'est aussi simple que cela...

Soutenir notre attention pendant une durée indéterminée, instant après instant. Être, ici et maintenant.

EXERCICE :

Se demander de temps en temps : « Suis-je éveillé ? », ou encore : « Où plane mon esprit à l'instant présent ? »

Garder le souffle à l'esprit

Quand l'esprit vagabonde, il est important d'avoir un centre d'attention, un point d'ancrage où situer l'instant présent. Dans ce but, l'utilisation du souffle est d'une aide précieuse. En prenant conscience de notre respiration, nous sommes plongés dans l'ici et maintenant. Il devient plus facile d'être éveillé à tout ce qui nous entoure, à ce qui vient d'arriver.

La respiration nous aide à saisir nos moments. Curieusement, peu de gens savent cela. Après tout, le souffle est toujours là sous (et à travers) notre nez. On aurait pu penser que l'on se serait déjà aperçu de son importance. Ne dit-on pas « Je n'ai pas eu le temps de souffler » ou « avoir le souffle coupé » ? Ces expressions indiquent bien la relation intéressante qu'il y a entre le temps et la respiration.

Si l'on veut se servir de la respiration pour cultiver la pleine conscience, il suffit de se brancher sur la sensation du souffle – la sensation du souffle qui entre dans le corps et celle du souffle qui en sort. C'est tout. Sentir la respiration. Respirer et avoir conscience que l'on respire. Cela n'implique pas de respirer profondément, ni de forcer sur l'expiration, ni d'essayer de sentir quelque chose de spécial. Encore moins de se demander si « on le fait bien ». Cela ne veut pas dire non plus *penser* à sa respiration. Il s'agit plutôt d'une conscience instinctive du souffle qui rentre et du souffle qui ressort.

On n'a pas besoin d'éprouver cette sensation pendant longtemps. Se servir du souffle pour nous ramener au moment présent ne prend presque pas de temps. C'est seulement un changement de perception. Néanmoins, une grande aventure attend ceux d'entre nous qui prennent un peu de temps pour relier entre eux ces moments de conscience, souffle par souffle, jour après jour.

EXERCICE :

Se concentrer sur une inspiration qui entre, une expiration qui sort. Garder l'esprit ouvert et disponible pour cet instant, cette respiration. Abandonner toute arrière-pensée qu'il va se passer quelque chose. Retourner à la respiration quand les pensées vagabondent. Enfiler comme des perles les moments de pleine conscience, souffle par souffle. S'y exercer de temps en temps en lisant ce livre.

*

« Kabir dit :
Disciple, dis-moi ce qu'est Dieu ?
C'est le souffle dans le souffle. »

KABIR

Pratiquez, pratiquez, pratiquez !

Cela aide énormément de s'y tenir. Dès que l'on se met à apprivoiser son souffle, on s'aperçoit que l'absence de conscience est partout. Notre respiration nous enseigne que non seulement l'absence de conscience accompagne notre vie intérieure mais elle *est* cette vie intérieure. Nous nous en rendons compte en découvrant des milliers de fois combien il est difficile de coller à sa respiration. De nombreuses intrusions surviennent qui nous emportent ailleurs et nous empêchent de nous concentrer. Nous constatons qu'au cours des années les préjugés, les idées reçues se sont accumulés dans notre esprit comme un bric-à-brac de vieilleries entassées dans un grenier. Rien que de reconnaître cela est un grand pas dans la bonne direction.

Lorsque nous employons le mot « pratique » pour décrire la culture de la pleine conscience, cela ne correspond pas au sens usuel de répétitions multiples dans le but de perfectionner un spectacle ou une compétition sportive.

La pratique de la pleine conscience signifie que nous nous investissons pleinement dans chaque moment. Il n'y a pas de « performance ». Il y a seulement le moment présent. Nous n'essayons pas de nous améliorer ni d'être ailleurs. Nous ne courons pas après des illuminations ou des visions intérieures. Nous ne nous efforçons même pas d'éviter de juger les autres, de rechercher le calme ou la relaxation. Encore moins d'évoquer une image négative de nous-mêmes ni de nous centrer sur notre nombril.

Plutôt, nous sommes invités par le moment présent à nous connecter avec l'intention d'incarner de notre mieux le calme, la pleine conscience et la sérénité, ici et maintenant.

Bien sûr, à partir de notre décision d'observer dans le silence, sans réagir et sans juger, en pratiquant régulièrement, avec douceur et persévérance, se développeront naturellement en nous le calme et la sérénité. Des intuitions, des expériences de profond bonheur, peuvent même survenir. Mais il serait incorrect de dire que nous pratiquons pour que ces expériences arrivent.

L'esprit de la pleine conscience est de pratiquer pour la pratique elle-même et de prendre chaque moment comme il vient – agréable ou désagréable, bon, mauvais ou laid – et ensuite, travailler avec ce matériel parce que c'est le présent.

Avec cette attitude, la vie elle-même devient une pratique. Alors on pourrait dire que c'est plutôt la pratique qui nous façonne et que la vie même devient notre maître de méditation et notre guide.

L'écrivain américain Henry David Thoreau a fait l'expérience de la pratique de la pleine conscience durant ses deux années à Walden Pond, dans le Massachusetts. Il en a tiré un livre superbe, *Walden*, qui raconte son aventure solitaire dans une cabane dans les bois, au bord de l'étang de Walden, de juillet 1845 à septembre 1847. Il a choisi de « s'aventurer dans la vie présente » en exaltant les vertus de la simplicité au milieu de la nature.

Mais il n'est pas indispensable de s'exiler dans une forêt pour pratiquer la pleine conscience. Il suffit de faire une petite place, dans notre existence quotidienne, au silence et à ce que nous appelons le *non-agir*. Ensuite, écouter son souffle.

Tout l'étang de Walden est à la portée de notre souffle. Le miracle de la succession des saisons est dans le souffle ; nos parents et nos enfants sont contenus dans notre souffle ; notre esprit et notre corps sont notre souffle.

Le souffle est le courant qui relie le corps à l'esprit, qui nous relie à nos parents et à nos enfants, qui relie notre corps avec le corps du monde extérieur. C'est le flux de la vie. Cette rivière est remplie de poissons d'or. Pour les voir distinctement, il faut regarder à travers les lentilles de la conscience.

*

« Le temps est la rivière où je m'en vais pêcher. J'y bois ; mais en buvant l'eau claire, je vois que le fond est sablonneux et peu profond. Le faible courant s'écoule mais l'éternité demeure. J'aimerais boire, plus profond. Poissons reflétés dans le ciel dont le fond est semé de cailloux étoilés. »

THOREAU, *Walden*.

*

« L'idée d'éternité est véritablement sublime. Mais tous ces moments et ces lieux et ces occasions sont ici et maintenant. Dieu lui-même culmine dans le moment présent et ne sera pas plus divin dans les siècles des siècles. »

THOREAU, *Walden*.

L'éveil

La pratique quotidienne de la méditation ne veut pas dire que nous n'avons plus le temps de penser ou d'agir. Au contraire, cela implique qu'on a pris le temps d'observer, d'écouter et de comprendre.

Thoreau, à l'étang de Walden, a exprimé cela dans sa conclusion : « *Le jour se lève seulement à mon éveil.* » Pour saisir la réalité de notre vie, il nous faudrait être en éveil à chaque moment. Sinon, une journée, une vie entière risquent de glisser, inaperçues.

Un exercice pratique pour s'exercer à l'éveil est d'observer les autres en se demandant si c'est vraiment eux que l'on voit ou si c'est le jugement que l'on porte sur eux. Parfois nos pensées agissent comme des verres déformants. Nous voyons nos enfants, nos maris, nos femmes, notre travail, nos collègues, nos associés, nos amis, à travers ces lunettes de rêve.

Nous vivons dans un présent irréel au nom d'un avenir tout aussi irréel. Des événements peuvent survenir dans le rêve et renforcer l'illusion de réalité, mais nous restons toujours prisonniers du même rêve. Si nous retirons les lunettes, peut-être verrons-nous un peu plus précisément ce qui est vraiment là.

Thoreau a ressenti le besoin de se retirer dans la solitude de l'étang de Walden pendant deux ans et deux mois afin d'éprouver l'expérience suivante :

« Je me suis retiré dans les bois parce que je voulais vivre d'une manière délibérée, en faisant face uniquement aux faits essentiels de l'existence, et en essayant de voir si je pouvais en apprendre quelque chose au lieu de m'apercevoir au moment de mourir que je n'aurais point vécu. »

« Changer la qualité de la journée est le summum de l'art… Je n'ai encore jamais rencontré un homme pleinement éveillé. Comment aurais-je pu le regarder en face ? »

THOREAU, *Walden*.

*

« Écoute-moi, ô mon âme ;
L'esprit supérieur, le Maître est proche,
Réveille-toi ! Éveille-toi !
Précipite-toi à ses pieds –
Il se tient près de ta tête, maintenant.
Tu dors depuis des millions d'années,
Pourquoi ne pas te réveiller ce matin ? »

KABIR

EXERCICE :

Se demander de temps à autre : « Suis-je éveillé en ce moment ? »

Le garder pour soi

Quand vous aurez pris la décision de méditer, n'allez pas le crier sur les toits ni dire pourquoi vous l'avez décidé, ni raconter les effets que cela produit sur vous. Il n'y a pas de meilleur moyen pour gaspiller votre énergie naissante et entraver vos efforts de pratique. Vous perdriez l'impulsion originelle. Il vaut mieux pratiquer la méditation discrètement.

Chaque fois que vous éprouverez la pulsion irrésistible de parler des bienfaits de la méditation, ou de sa difficulté, ou de ce que ça vous apporte ou ne vous apporte pas, ou même de votre désir d'en faire bénéficier un ami, considérez qu'il s'agit seulement d'un afflux de pensées et retournez à votre méditation. La pulsion se dissipera et tout le monde s'en portera mieux – vous surtout.

On ne peut arrêter les vagues, mais on peut apprendre à surfer

On pense communément que la méditation est un moyen de fermer son esprit à la pression du monde extérieur. Cette impression est fausse. La méditation n'évacue rien du tout. Mais elle nous aide à voir les choses avec lucidité et à nous situer différemment par rapport à celles-ci.

Les gens qui viennent à notre clinique comprennent très vite que le stress fait partie de la vie. Il est vrai que nous pouvons apprendre à améliorer notre situation en faisant certains choix, mais il existe de nombreux événements sur lesquels nous n'avons pas de prise. Le stress est donc inhérent à la condition humaine. Mais cela n'implique pas que nous devons toujours être victimes des forces négatives qui envahissent nos vies. Nous avons la possibilité d'apprendre à nous en servir, de les comprendre, et même d'y trouver un sens. En prenant les décisions qui s'imposent, nous pouvons utiliser l'énergie de ces forces pour grandir en sagesse et en compassion. Travailler là-dessus demeure le noyau dur de la pratique de la méditation.

Une manière d'appréhender le travail de la pleine conscience est de visualiser notre esprit comme un lac ou un océan. Il y a toujours des vagues. Elles sont parfois grandes, parfois petites. Quelquefois, elles sont presque imperceptibles. Elles sont provoquées par les vents contraires qui varient en intensité. De même, le stress et l'imprévu soulèvent des vagues dans notre esprit.

Quand on n'est pas familier avec la méditation, on croit souvent qu'elle consiste en une manipulation intérieure qui éliminera les vagues comme par magie de sorte que l'esprit sera apaisé et tranquille. Mais de même qu'on ne peut éliminer les vagues en les recouvrant d'un couvercle transparent, de même on ne peut supprimer artificiellement les vagues de notre esprit. D'ailleurs, il serait dangereux d'essayer. Cela ne ferait que créer davantage de tensions et de conflits intérieurs. On peut atteindre à la tranquillité de l'âme, mais pas en essayant de réprimer l'activité naturelle de celle-ci.

Il est possible de s'abriter des vents violents qui agitent notre esprit en pratiquant la méditation. Au bout d'un certain temps, les turbulences s'atténueront par manque de feed-back. Mais en fin de compte les vents de la vie et de l'esprit finiront par souffler, quoi que nous fassions. La méditation s'applique à travailler avec cette énergie.

L'esprit de la pleine conscience a été rendu d'une manière divertissante et juste par une affiche représentant Swami Satchitananda, un yogi de soixante-dix ans, debout sur une planche de surf, sa longue barbe blanche et sa robe volumineuse flottant au vent sur une plage de Hawaï. La légende disait : « On ne peut arrêter les vagues, mais on peut apprendre à surfer. »

Est-ce que chacun peut méditer ?

On me pose souvent cette question. Sans doute parce que les gens qui la posent croient qu'ils sont les seuls à ne pouvoir méditer. Ils désirent être réconfortés par l'assurance qu'ils ne sont pas seuls, qu'il existe d'autres infortunés qui ont – comme eux – du mal à méditer. Or, ce n'est pas si simple.

Dire que l'on est incapable de méditer, c'est un peu comme si l'on disait qu'on ne peut respirer, ni se concentrer ou se décontracter. La plupart des gens peuvent respirer normalement. Et dans de bonnes conditions, presque tout le monde peut se concentrer et se décontracter.

Le problème est que les gens confondent souvent méditation et relaxation, ou un état similaire que l'on peut atteindre et sentir. Quand on essaie plusieurs fois sans éprouver quoi que ce soit de spécial, on croit qu'on fait partie des gens qui ne peuvent méditer.

Mais la méditation, ce n'est pas sentir quelque chose de spécial. C'est simplement sentir comme on est. Il ne s'agit pas non plus de se vider la tête ni de faire le calme en nous, bien que la pratique quotidienne de la méditation aide à cultiver ce calme et ce vide. Avant tout, il s'agit d'accepter l'esprit comme il est à ce moment-là et de savoir *comment* ça fonctionne. Il ne s'agit pas d'aller quelque part mais de se permettre d'être là où l'on est. Si l'on ne comprend pas cela, on pense forcément qu'on est incapable de méditer. Ceci n'est qu'un excès de pensée, et par-dessus le marché, d'une pensée incorrecte.

Il est vrai que la méditation exige de l'énergie et de la persévérance. Mais alors, ne serait-il pas plus juste de dire : « Je ne peux pas continuer » plutôt que « Je n'y arrive pas » ? N'importe qui peut s'asseoir en observant sa respiration et le déroulement de ses pensées. Il n'est même pas nécessaire de s'asseoir. On peut le faire debout, en marchant, en courant ou en prenant son bain. Mais s'y tenir seulement pendant cinq minutes requiert de la volonté. En faire une pratique régulière requiert une certaine discipline de vie. Donc, quand j'entends dire par certains qu'ils sont incapables de méditer, ce qu'ils veulent vraiment dire, c'est qu'ils ne sont pas prêts à y consacrer le temps nécessaire ou encore, quand ils font l'essai, ce qui se passe ne leur plaît pas. Ce n'est pas ce qu'ils attendaient. Ça ne correspond pas à leurs aspirations. Je leur conseille d'essayer encore, mais cette fois en oubliant leurs aspirations, en se contentant d'observer.

L'éloge du non-agir

Le non-agir, c'est prendre le temps de méditer, même pour un court moment. Mais il ne faudrait surtout pas confondre le non-agir avec le « rien faire ». La différence réside en la conscience et l'intention. En fait, ces deux états sont les clés du non-agir.

Superficiellement, il semblerait qu'il y ait deux sortes de non-agir, l'une qui n'impliquerait aucune activité extérieure, l'autre qui consisterait en un travail sans effort. En dernier ressort, nous nous apercevrons qu'il s'agit d'une seule et même chose. C'est l'expérience intérieure qui compte. En principe, la méditation formelle exige que nous prenions le temps de cesser toute activité extérieure sans autre but que d'être pleinement présents à chaque instant. Sans rien faire. Ces moments de non-agir sont sans doute les dons les plus précieux que nous puissions nous faire à nous-mêmes.

Thoreau avait l'habitude de s'asseoir pendant des heures sur le seuil de sa porte pour écouter les bruits de la forêt, pour observer les changements subtils de l'ombre et de la lumière pendant que le soleil se déplaçait dans le ciel.

*

« Il y eut des moments où je ne pouvais sacrifier l'éclosion du moment présent à quelque travail que ce fût, manuel ou intellectuel. J'aime mettre une grande marge dans ma vie. Parfois, les matins d'été, après avoir pris mon bain rituel dans le lac, je m'asseyais de l'aube jusqu'à midi sur le seuil ensoleillé de ma porte, perdu dans ma rêverie parmi les pins, les noyers blancs et les sumacs. Dans ma solitude tranquille, entouré du chant des oiseaux et de leurs vols furtifs à travers la maison ouverte, je ne prenais conscience de l'écoulement du temps que lorsque le soleil baissait à l'ouest ou qu'au loin sur la grand-route s'ébranlait la carriole d'un voyageur. J'ai mûri pendant ces saisons comme le maïs pendant la nuit. Cela me fut bien plus profitable que n'importe quel travail manuel. Ce temps ne fut pas soustrait de ma vie mais accordé comme un sursis. Je pris conscience de ce que le mot contemplation signifie pour les Orientaux. La plupart du temps, je ne me souciais guère de la façon dont les heures s'écoulaient. La journée avançait comme pour éclairer l'un de mes travaux secrets. Le jour se lève, et soudain le soir survient, et rien de mémorable n'a été accompli.

Au lieu de chanter comme les oiseaux, je souriais à ma continuelle bonne fortune. De même que le moineau perché sur le noyer devant ma porte chantait son trille, de même, je poussais des gloussements étouffés qu'il entendait s'élever de mon nid. »

THOREAU, *Walden*.

EXERCICE :

Reconnaître l'éclosion du moment présent dans votre pratique quotidienne de méditation. Si vous vous levez tôt, sortez de chez vous et contemplez les étoiles et la lune. Attendez le lever du soleil. Sentez sur votre peau la fraîcheur de l'air. (Une sensation attentive et constante.) Prenez conscience que le monde autour de vous est encore endormi. Quand vous regardez les étoiles, souvenez-vous qu'elles sont là depuis des millions d'années. Le passé est présent, ici et maintenant.

Ensuite, rentrez chez vous pour méditer, assis ou couché. Profitez de ce moment de votre pratique pour lâcher prise, pour ne pas vous trouver dans le « faire » mais dans l'être. Changez de vitesse. Vous êtes dans l'immobilité et la pleine conscience, vigilant au déroulement de chaque instant, n'ajoutant rien, n'enlevant rien, affirmant seulement : « Tout est là, c'est ça ! »

Le paradoxe du non-agir

La saveur du non-agir et le plaisir que l'on peut en retirer sont difficiles à saisir pour nous autres Occidentaux car notre culture valorise surtout l'action et le progrès. Même nos loisirs tendent vers une hyperactivité constante. Le bonheur du non-agir réside en ce que rien d'autre n'a besoin de se passer pour que ce moment-ci soit accompli.

Quand Thoreau dit : « Le jour se lève et soudain le soir survient, et rien de mémorable n'a été accompli », c'est une provocation pour les gens obnubilés par le désir de réussir et de progresser dans le monde. Mais au nom de quoi a-t-on le droit de juger qu'une matinée passée à rêver sur le pas de sa porte est moins mémorable ou méritoire qu'une vie active et bien remplie ?

Thoreau tient un discours qui se révèle aussi actuel aujourd'hui qu'il l'était à son époque. Pour ceux qui veulent bien l'entendre, il souligne l'importance de la contemplation et du détachement à l'égard du résultat. Seule compte la jouissance d'être dans le moment présent qui est… « bien plus profitable que n'importe quel travail manuel ». Ce point de vue me rappelle une parole de ce vieux maître zen qui disait : « Ho ho ! Pendant quarante années j'ai vendu de l'eau au bord de la rivière et mes efforts sont absolument vains. »

La seule manière d'accomplir quelque chose de valable est de le faire dans le mode du non-agir sans se préoccuper si cela servira à quelque chose. Sinon, l'intérêt personnel et la cupidité risqueraient de s'introduire dans notre travail qui deviendrait subjectif, impur et en fin de compte insatisfaisant même si c'est un travail de valeur. Les savants connaissent bien cet état d'esprit et s'en méfient car il inhibe la créativité et déforme notre capacité à discerner clairement les rapports entre les choses.

Le non-agir en mouvement

Le non-agir peut se manifester dans le mouvement aussi bien que dans l'immobilité. La quiétude intérieure de celui qui agit est telle que l'action se fait d'elle-même. C'est une activité sans effort, sans manifestation volontaire, sans « je » ou « moi » pour revendiquer un résultat. Pourtant tout est accompli parfaitement. La notion du non-agir est fondamentale pour la maîtrise de toutes les activités humaines. Voici un morceau de littérature classique de la Chine du IIIe siècle avant notre ère, qui illustre parfaitement cette pensée :

« Quand le boucher du prince Wen-Houei dépeçait un bœuf, ses mains empoignaient l'animal. Il le poussait de l'épaule et, les pieds rivés au sol, il le maintenait des genoux. Il maniait son couteau selon un rythme musical qui rappelait celui des célèbres musiques qu'on jouait pendant la “Danse du Bosquet des Mûriers” et celle du “Rendez-vous des têtes à plumage”.

« — Eh ! lui dit le prince Wen-Houei, comment ton art peut-il atteindre une telle perfection ?

« Le boucher déposa alors son couteau et dit :

« — J'aime le Tao et ainsi je progresse dans mon art. Au début de ma carrière, je ne voyais que le bœuf. Après trois ans de pratique, je ne voyais plus le bœuf. Maintenant, c'est mon esprit qui opère plus que mes yeux. Mes sens n'agissent plus. Seulement mon esprit. Je connais la conformation naturelle du bœuf et ne m'attaque qu'aux interstices. J'évite les veines, les artères, les muscles et les nerfs, à plus forte raison les grands os ! Un bon boucher use un couteau par an parce qu'il ne découpe que la chair. Un boucher ordinaire use un couteau par mois parce qu'il le brise sur les os. Le même couteau me sert depuis dix-neuf ans. Il a dépecé plusieurs milliers de bœufs et son tranchant est toujours aussi aiguisé qu'au premier jour...

« Celui qui sait enfoncer le tranchant très mince dans les interstices des jointures des os manie son couteau avec aisance parce qu'il opère dans le vide.

« Chaque fois que j'ai à découper les jointures des os, j'observe les difficultés particulières à résoudre, je retiens mon souffle, et fixant mon regard, j'opère lentement. Je manie très doucement mon couteau et les jointures se séparent aussi aisément que des mottes de terre tombant sur le sol. Je retire mon couteau et me relève. Je regarde autour de moi et je me réjouis du travail accompli. Après avoir nettoyé mon couteau, je le rentre dans son étui.

« — Très bien, dit le prince Wen-Houei. Après avoir entendu les paroles du boucher, je saisis l'art du bien-vivre. »

TCHOUANG-TSEU

La pratique du non-agir

Le non-agir n'a rien à voir avec l'indolence ou la passivité. Bien au contraire. Cultiver le non-agir, que ce soit dans l'immobilité ou dans le mouvement, requiert beaucoup de courage et d'énergie. En outre, il est difficile de consacrer régulièrement un certain temps au non-agir par rapport à toutes nos occupations quotidiennes.

Cependant, le non-agir ne devrait pas être une menace pour ceux qui se sentent dans l'obligation de toujours accomplir quelque chose. Ils découvriront peut-être qu'ils pourront en « faire » encore plus et mieux en pratiquant le non-agir. Il s'agit simplement de laisser les choses suivre leur propre cours, sans effort.

L'image d'un mouvement sans effort se produit parfois dans la danse et les sports de haut niveau. Le spectacle de ces moments privilégiés nous coupe le souffle. Ce phénomène peut se produire dans tous les domaines de l'activité humaine, du travail de mécanicien au travail parental. Cela arrive habituellement au bout de nombreuses années de pratique et d'expérience, permettant une exécution inédite, au-delà de la technique, de l'effort, et surtout de la pensée. L'action devient alors une expression analogue à la création artistique, un lâcher-prise de l'effort conscient – une union de l'esprit et du corps en mouvement. Nous caressons tous au fond de nous le secret espoir de connaître dans nos vies de tels moments remplis de grâce et d'harmonie.

Thoreau dit encore : « Transformer la qualité de la journée est le suprême de l'art. »

En parlant de la danse, Martha Graham a dit un jour à ses élèves : « La seule chose qui compte est ce moment en mouvement. Rendez-le vital et unique. Ne le laissez pas filer en douce, sans l'apprivoiser. »

Thoreau et Martha Graham avaient une intuition digne des plus grands maîtres de méditation. Il nous appartient donc de travailler notre vie entière sur la pratique du non-agir en sachant pertinemment que cultiver le non-agir, ironiquement, exigera de nous plus d'effort que l'action qui nous est naturelle.

La méditation est synonyme de la pratique du non-agir. Nous ne pratiquons pas pour rendre les choses parfaites ou pour les faire parfaitement, mais plutôt pour saisir le fait que les choses sont déjà parfaites. Cela correspond à l'idée de saisir le moment présent dans sa plénitude, dans sa pureté, sans rien y ajouter, lui laissant ainsi la possibilité de faire naître le moment suivant. C'est le flux incessant du temps renouvelé dans le courant de la pleine conscience.

EXERCICE :

Essayer pendant une journée de détecter l'éclosion du moment présent, dans les moments ordinaires, même les moments « durs ». Travailler à laisser davantage d'événements se dérouler dans notre existence sans les forcer ni rejeter ceux qui ne correspondent pas à nos critères de ce qui « devrait » arriver.

Tenter de sentir les « interstices » à travers lesquels on peut se mouvoir sans effort dont parle le boucher de Tchouang-tseu.

Observer si, en se donnant le temps d'être tout simplement, cela améliore la qualité du reste de la journée.

La patience

Certaines qualités mentales favorisent la pratique de méditation. Elles enrichissent le sol où pousseront les graines de la pleine conscience. Ces qualités ne peuvent être imposées ou dictées de l'extérieur. Elles ne pourront se *cultiver* que lorsque notre motivation intérieure sera assez forte pour que nous voulions mettre fin à notre état de souffrance et de confusion et, en l'occurrence, à la souffrance d'autrui. Cela exige de se comporter selon une certaine éthique – un concept très contesté de nos jours, dans certains milieux.

Un jour, j'ai entendu dans une émission à la radio quelqu'un définir l'éthique comme « la soumission à ce qui ne peut être imposé ». Je trouve cette définition assez juste. On fait le bien pour des raisons qui nous sont personnelles, non pour se conformer au jugement d'autrui ou parce que la société nous condamnera si l'on transgresse ses lois. Chacun marche à son rythme, selon son propre code. Mais on ne peut atteindre à l'harmonie sans le garde-fou de principes moraux. Si nous voulons préserver nos jeunes pousses de la voracité des chèvres, il nous faudra entourer notre jardin d'une clôture.

Pour moi, la patience représente l'une des vertus morales fondamentales. En la cultivant, on cultivera nécessairement la pleine conscience car elles sont indissociables. La patience se manifeste lorsque l'on n'est pas pressé d'arriver quelque part. Se souvenir que chaque chose advient en son temps. On ne peut hâter les saisons. En général, il ne sert pas à grand-chose de se presser (*cf. Le Lièvre et la Tortue*). Cela peut causer beaucoup de dégâts – particulièrement à l'encontre de notre entourage.

La patience est une alternative bénéfique à l'agitation de notre esprit, à l'impatience. Si l'on creuse un tant soit peu sous la surface de l'impatience, on y trouve la colère. C'est une énergie puissante qui désire violemment que les choses ou les gens soient autrement et qui en rend responsables ou coupables les autres (et soi-même). Bien sûr, je ne veux pas dire qu'il ne faut pas se presser quand c'est nécessaire. Au contraire, on peut se hâter plus efficacement, en pleine conscience.

Du point de vue de la patience, les choses surviennent dans un enchaînement de cause à effet. Rien n'est séparé ni isolé. Si quelqu'un nous frappe avec un bâton, nous n'allons pas nous mettre en colère contre le bâton mais contre la personne qui l'a brandi. Mais si l'on approfondit un peu plus, on ne peut même pas trouver le justificatif de sa colère contre la personne qui nous a attaqué car celle-ci ne sait pas ce qu'elle fait, et, sur l'instant, est littéralement hors d'elle. Qui est vraiment coupable ? Faut-il blâmer les parents de l'enfant maltraité ? Ou encore nous retourner contre la dureté du monde et son manque de compassion ? Mais de quel monde parlons-nous ? Ne faisons-nous pas nous-mêmes partie de ce monde ? Ne subissons-nous pas, quelquefois, des pulsions agressives et violentes qui nous pousseraient au meurtre ?

Le Dalaï-Lama n'exprime pas de colère à l'encontre du peuple chinois, bien que la politique du gouvernement chinois ait, pendant les années de la révolution culturelle, pratiqué un génocide culturel contre les institutions et les croyances des Tibétains. Lorsqu'un journaliste occidental demanda au Dalaï-Lama qui venait de recevoir le prix Nobel de la paix pourquoi il ne manifestait pas d'animosité envers les Chinois, celui-ci répondit : « Ils nous ont tout pris. Devrais-je les laisser s'emparer aussi de mon âme ? »

Cette attitude est exemplaire du point de vue de la paix… cette paix intérieure qui connaît les valeurs fondamentales et qui sait, le moment venu, les mettre en action. Cette capacité de subir patiemment tant de provocations et de souffrances résulte de l'exercice de la compassion, d'une compassion qui n'est pas réservée aux amis mais également à ceux qui nous font du mal par ignorance et par méchanceté.

À ce degré-là, la compassion a pour fondement ce que les bouddhistes nomment la « pleine conscience correcte » et la « compréhension correcte ». Ça ne survient pas spontanément. Il faut une longue et patiente pratique. D'autre part, il ne faut pas s'imaginer que des bouffées de colère ne surviendront pas. Cette colère pourra justement être travaillée, apprivoisée de sorte que ses énergies nourriront la patience, la compassion, l'harmonie et la sagesse en nous et peut-être aussi chez les autres.

En pratiquant la méditation, nous cultivons la qualité de patience chaque fois que, nous immobilisant, nous prenons conscience du rythme de notre respiration. Cette tentative d'être plus ouverts, plus proches de nos moments privilégiés s'étend naturellement à d'autres moments de l'existence. Les choses évoluent selon la nature qui leur est propre. Notre vie se déroule de la même manière. Ne laissons pas nos angoisses et notre désir d'un résultat altérer la qualité du moment présent, même quand ça fait mal. Quand il faut pousser, poussons. Quand il faut tirer, tirons. Mais nous savons aussi qu'il y a un temps pendant lequel il ne faut ni pousser, ni tirer.

À travers tout ça, nous comprenons que le moment suivant sera déterminé en grande partie par ce que nous vivons au moment présent. Cette pensée peut nous venir en aide quand nous devenons impatients pendant notre pratique de méditation ou quand nous nous sentons frustrés par notre vie.

*

« As-tu la patience d'attendre que la vase retombe
Et que l'eau devienne claire ?

Es-tu capable de rester inerte
Jusqu'à ce que le mouvement juste se fasse de lui-même ? »

LAO-TSEU, *Tao-tö-king.*

*

« J'existe tel que je suis, ça me suffit ;
Si personne n'en est conscient,
Je suis content,
Et si tous en sont conscients,
Je suis aussi content.
Un monde est conscient, de loin le plus important à mes yeux,
Le mien,
Et que se réalise mon destin aujourd'hui, dans dix mille ans ou dans dix millions d'années,
Je peux allégrement l'accepter maintenant,
Ou, avec la même allégresse,
Je peux attendre. »

WALT WHITMAN, *Feuilles d'herbe*.

EXERCICE :

Observer l'impatience et la colère lorsque ces sentiments nous envahissent. Essayer de voir les choses d'un point de vue différent, comme elles se déroulent naturellement, en temps voulu. Cette tactique est particulièrement utile lorsqu'on est sous pression, ou que l'on se trouve entraîné à faire quelque chose contre son gré. Ne pas ramer à contre-courant à ce moment-là, mais écouter attentivement le murmure de la rivière. Que nous dit-elle ? Si elle ne dit rien, respirer seulement en se laissant aller à la patience. Continuer à écouter. Si la rivière nous parle, faire ce qu'elle dit, en pleine conscience. Ensuite, faire une pause, attendre patiemment, écouter à nouveau.

Pendant la pratique de la méditation, nous sommes attentifs au rythme régulier de notre respiration. Remarquer comment souvent notre esprit nous attire ailleurs, tente de changer de cap. À ces moments-là, au lieu de nous égarer, essayons de nous asseoir patiemment avec une conscience accrue de notre souffle qui se déroule avec chaque moment ; le laisser faire sans rien imposer... observer, respirer... devenir inertes, patiemment.

Lâcher prise

L'expression « lâcher prise » est devenue le cliché du siècle dans le jargon New Age. On l'emploie inconsidérément à toutes les sauces. Pourtant, il s'agit d'une puissante opération intérieure qui mérite qu'on s'y attarde. La technique du lâcher-prise peut nous apprendre quelque chose d'une importance primordiale.

Lâcher prise signifie littéralement ce que ça dit. C'est une invitation à cesser de se cramponner aux choses – qu'il s'agisse d'une idée, d'un événement, d'un moment particulier, d'un point de vue, d'un désir. C'est abandonner la contrainte, la lutte, la résistance, pour quelque chose de plus fort et de plus sain, issu de notre acceptation des événements tels qu'ils sont, sans les juger, sans être englués dans le désir. C'est ouvrir la main pour relâcher quelque chose qu'on tenait serré très fort.

Mais nous ne sommes pas seulement englués par nos désirs. Nous ne nous agrippons pas seulement aux choses avec les mains. Nous sommes souvent désespérément accrochés par l'esprit à nos préjugés, nos espoirs et nos aspirations secrètes. Lâcher prise signifie aussi devenir transparent. Cela implique que nous laissions nos peurs et nos angoisses se dérouler jusqu'à leur terme, à la lumière de la pleine conscience.

Lâcher prise est seulement possible si nous prenons conscience et si nous acceptons l'existence de ces lunettes que nous mettons inconsciemment entre nous et la réalité, qui filtrent et colorent notre vision. Nous ne pouvons nous ouvrir pendant ces moments difficiles et gluants que si nous les saisissons en reconnaissant que nous sommes en train de juger, de condamner, de rechercher notre intérêt personnel.

La tranquillité, l'intuition et la sagesse ne surviendront que lorsque nous aurons accepté la totalité du moment présent sans avoir besoin de retenir ou de rejeter quelque chose. Ceci est une affirmation dont on peut tester la véracité. Essayez, rien que pour le plaisir. Vérifiez si le lâcher-prise de la partie de vous-même qui désire se raccrocher n'apporte pas en fin de compte une plus grande satisfaction que celle de se cramponner.

Ne pas juger

Il n'est pas nécessaire de pratiquer la méditation pendant longtemps pour s'apercevoir que notre esprit évalue constamment nos expériences, les comparant avec d'autres, selon des échelles de valeur que nous nous fabriquons le plus souvent par peur. Peur de ne pas être à la hauteur, peur que les malheurs arrivent, peur que les bonheurs ne durent pas, peur que les autres nous fassent du mal, peur d'être les seuls à ne rien connaître, etc.

Lorsque l'on tente de rester tranquille, les jugements de valeur nous percent les oreilles comme des hurlements de sirène. J'ai mal aux genoux… Je m'ennuie… J'aime bien cette sensation de paix… Hier ma méditation était bien, mais aujourd'hui ça ne va pas… Ce n'est pas mon truc. Je n'y arriverai jamais, etc.

Ce genre de pensées nous prend la tête et pèse une tonne. C'est comme si l'on portait sur la tête une valise remplie de cailloux. On est soulagé en la posant à terre. Imaginons comment on se sentirait si l'on mettait en suspens tous nos jugements en laissant chaque moment se dérouler sans l'évaluer comme « bon » ou « mauvais ». Nous goûterions une vraie paix, une vraie libération intérieures.

Pendant la méditation, on s'efforce de cultiver une attitude impartiale envers tout ce qui nous vient à l'esprit. Sinon, nous ne pratiquons pas vraiment la méditation. Ça ne veut pas dire que les jugements de valeur vont disparaître, car il est dans la nature de l'esprit humain de comparer et de juger ; quand ils arrivent, n'essayons pas de les nier ou de les arrêter, pas plus que les autres pensées qui nous passent par la tête.

Le procédé que nous utilisons dans la méditation consiste simplement à observer tout ce qui passe par l'esprit et le corps et à en prendre note sans jugement de valeur, sachant que nos jugements sont inévitables et que nos idées sur l'expérience elle-même sont nécessairement réductrices. Ce qui nous intéresse, c'est le contact direct avec l'expérience même de la méditation – qu'il s'agisse de l'inspiration ou de l'expiration, d'une sensation, d'une impulsion, d'une pensée, d'une perception ou d'un jugement. Nous restons attentifs à ne pas juger nos jugements...

Nos pensées colorent habituellement toutes nos expériences, et, provenant de réactions et de préjugés basés sur une information limitée, influencées par notre conditionnement passé, elles sont en général approximatives. En conséquence, lorsque nous ne prenons pas conscience de cet état de choses, notre vision du moment présent risque d'être obscurcie. Le simple fait d'être familier avec cette habitude de juger qui est si profondément ancrée en nous, et de l'observer quand elle apparaît, nous conduira à une plus grande réceptivité.

Une attitude dépourvue de jugements de valeur ne signifie pas que l'on n'assume plus nos responsabilités dans la société ni qu'on puisse faire n'importe quoi. Ça veut dire simplement que nous agissons avec plus de clarté dans notre propre existence et que nous serons plus équilibrés, plus efficaces et plus moraux dans nos activités, à partir du moment où nous savons que nous sommes plongés dans un flux inconscient de goûts et de dégoûts, de désirs et de répulsions, qui nous dissimule le monde réel et la pureté originelle de notre être. Ces états d'âme peuvent s'installer définitivement, entretenant en nous des comportements « accros » dans tous les domaines de l'existence.

Lorsque nous sommes capables de reconnaître les signes de l'avidité, de l'aversion et de la haine dans nos réactions, nous constatons que nous sommes manipulés par ces forces. Il n'est pas exagéré de dire qu'elles dégagent une toxicité chronique qui nous empêche de voir les choses telles qu'elles sont et de mobiliser notre potentiel véritable.

La confiance

La confiance est un sentiment sécurisant qui nous convainc que les événements se dérouleront dans le cadre d'une structure solide, garante de l'ordre et de l'intégrité. Parfois, nous sommes déconcertés par ce qui arrive, à nous et aux autres, ou par ce qui se passe dans une situation particulière. Mais lorsque nous avons confiance en nous ou en quelqu'un d'autre, ou encore que nous faisons confiance à un système ou à un idéal, nous trouverons là un puissant élément stabilisateur qui, s'il n'est pas basé sur de la naïveté, nous guidera intuitivement et nous protégera du danger ou de l'autodestruction.

Il est important de cultiver en nous l'état de confiance car si nous ne nous fions pas à nos capacités d'observation, d'ouverture et de vigilance, nous n'aurons pas le courage de persévérer dans leur pratique et ces qualités finiront par dépérir.

Une partie de la pratique de la pleine conscience consiste à cultiver la confiance dans notre cœur. Commençons par observer ce à quoi nous pouvons faire confiance au plus profond de nous. Si nous ne le savons pas immédiatement, peut-être faudrait-il demeurer plus longtemps en nous-mêmes dans l'immobilité de notre être. Si, la plupart du temps, nous n'avons pas conscience de ce que nous faisons, et que nous ne sommes pas satisfaits du cours de notre vie, il serait peut-être temps d'être plus vigilants, plus près de la réalité, d'observer plus attentivement les choix que nous faisons et les conséquences qui en découleront.

Tentons l'expérience de faire confiance au moment présent, d'en accepter les sensations et les pensées parce qu'elles se déroulent maintenant. Si nous parvenons à lâcher prise dans ce moment de l'ici et maintenant, nous découvrirons que ce moment est digne de notre confiance. De la répétition de semblables expériences naîtra une conscience nouvelle : quelque part au plus profond de nous, réside un noyau sain et incorruptible, et nos intuitions, qui font écho à l'actualité du moment présent, sont dignes de notre confiance.

*

« Sois donc fort, et entre dans ton corps.
Là, tes pieds auront un point d'appui solide.

Penses-y avec la plus grande attention,
Ne va pas te promener ailleurs !
Kabir dit ceci : Rejette toute pensée de choses imaginaires
Demeure ferme dans ce que tu es. »

KABIR

La générosité

La générosité est une qualité qui, comme la patience, le lâcher-prise, la confiance, procure une solide fondation à la pratique de la pleine conscience. Commençons par nous exercer sur un terrain idéal, c'est-à-dire nous-mêmes. Voyons si nous sommes capables de nous faire de véritables cadeaux tels que l'acceptation de soi, ou de nous ménager une plage de temps libre chaque jour. Exerçons-nous à sentir que nous méritons ces dons sans obligation en retour – il s'agit simplement de recevoir quelque chose de soi, et de l'univers.

Tenter d'atteindre ce noyau dur en nous qui est d'une richesse inestimable. Laisser ce noyau irradier son énergie à travers tout notre corps, vers l'extérieur. Expérimenter la sensation de dispenser cette énergie – d'abord envers nous-mêmes puis vers les autres –, sans attendre de récompense. Donner encore plus qu'on ne possède. Célébrer cette richesse. Donner comme si notre fortune était inépuisable. Cela s'appelle « donner royalement ».

Vision

Il est virtuellement impossible – et de toute façon absurde – de s'investir à fond dans une pratique de méditation quotidienne, sans motivation vraie, sans être persuadé que c'est *notre* voie, et non une tentative velléitaire de plus pour combattre des moulins à vent. Dans les sociétés traditionnelles, cette motivation, cette vision intérieure sont issues de la culture et nourries par elle. Lorsque l'on est bouddhiste, on pratique la méditation parce que la tradition enseigne que la méditation est *la* voie vers la clarté, la compassion, la sagesse, l'état de Bouddha enfin, qui conduit à l'anéantissement de la souffrance. Mais la culture occidentale ne nous apporte pas un support qui puisse nous aider à suivre ce chemin de discipline personnelle et de persévérance, en particulier quand il s'agit de l'effort dans le non-agir ou du développement d'une énergie intense sans résultats concrets. En outre, les désirs romantiques et superficiels de devenir meilleurs – plus calmes, plus lucides, plus charitables – ne résistent pas longtemps aux turbulences de nos vies, aux résistances de notre corps et de notre esprit. On rechigne à l'idée de se lever tôt le matin pour se retrouver dans le moment présent, quand il fait noir et froid et qu'on pourrait dormir encore un peu et rester bien au chaud dans son lit. On se dit que la méditation ne perd rien à attendre…

Pour s'investir totalement et durablement dans la méditation, il faut être habité par une vision personnelle, profonde, tenace – une vision intime de nous-mêmes, de nos valeurs et de nos désirs. C'est seulement en puisant dans les ressources de cette vision dynamique que nous aurons la force et la motivation nécessaires à nous maintenir dans cette pratique quotidienne avec constance et volonté. En même temps, la pleine conscience nous aidera à percevoir ce qui se passe autour de nous, à être ouverts et disponibles et à lâcher prise quand il le faut.

La pratique de la méditation est tout sauf romantique. Les chemins qu'il faut prendre pour changer sont en général ceux que nous récusons le plus farouchement, dont nous nions jusqu'à l'existence même. Il ne suffit pas d'avoir une vision exaltée de soi-même en train de méditer, ou de croire que la méditation va nous faire du bien puisqu'elle a réussi pour d'autres, ou d'admirer la sagesse orientale ou même d'avoir l'habitude de méditer. La vision dont je parle doit être renouvelée chaque jour, doit être portée à bout de bras comme un flambeau, car la pleine conscience exige une grande détermination et une intention réelle. Si ces éléments nous font défaut, mieux vaut rester couché.

Notre vision, ce qui nous est le plus précieux, doit s'incarner dans notre pratique. Ça ne veut pas dire qu'il faut être différent de ce que l'on est, calme quand on est énervé ou gentil quand on est en colère. Au contraire, il s'agit de prendre conscience de ce qui est le plus important pour nous afin de ne pas perdre cette perception dans une réaction émotionnelle à un moment particulier. Si la pleine conscience compte vraiment pour nous, ces moments-là nous offrent l'occasion de la mettre en pratique.

Imaginons par exemple qu'un jour des sentiments de colère s'emparent de nous. En extériorisant cette colère, nous sommes capables en même temps d'en analyser l'expression et l'effet qu'elle produit sur les autres. Nous pouvons en sentir la validité, en découvrir les causes, prendre conscience de la façon dont elle se traduit dans nos gestes, nos postures, le ton de notre voix, notre choix de mots pour étayer nos arguments ainsi que de l'impression produite sur notre entourage.

Il y aurait beaucoup à dire sur l'expression consciente de la colère. Permettez-moi seulement de rappeler que le refoulement ou l'intériorisation de la colère produit des effets négatifs sur le plan médical et psychologique, surtout si cela se reproduit souvent. En revanche, l'explosion incontrôlée de la colère est tout aussi néfaste, quelle que soit sa « justification ». La colère obscurcit l'esprit. Elle engendre des sentiments d'agressivité et de violence – même s'il s'agit d'une juste cause ou d'une action importante à accomplir – la colère déforme la réalité, qu'elle soit justifiée ou non. On le sent bien lorsqu'on ne réussit pas à la maîtriser. La pleine conscience peut nous aider à ressentir les effets toxiques de la colère envers les autres comme envers nous-mêmes. Après un accès de colère, j'ai toujours un vague sentiment de frustration, même quand je me sens dans mon droit. Si cette énergie peut être transmuée en force et en sagesse, son pouvoir se multiplie ainsi que sa capacité de transformer la source et l'objet de la colère.

En conséquence, quand la colère monte en nous (ou chez les autres), si nous arrivons à percevoir qu'il existe quelque chose d'autre à côté, de fondamental et d'important que nous oublions dans l'excitation de l'émotion, nous touchons à un point de conscience en nous-mêmes qui est détaché de l'explosion de colère. Cette prise de conscience évalue la colère et sa profondeur; elle est plus forte que la colère. Elle peut contenir la colère comme une marmite contient la nourriture. La marmite de la conscience nous aide à contenir notre colère et à en voir les effets négatifs. Ainsi, elle fait mijoter notre colère et nous aide à la digérer et à l'utiliser efficacement en transformant une réaction automatique en une réponse consciente qui peut déplacer le problème.

Notre vision est à la mesure de nos valeurs et du modèle que nous nous sommes donné. Il s'agit de principes fondamentaux. Si vous croyez en l'amour, est-ce que vous en parlez beaucoup ou est-ce que vous l'exprimez dans votre vie? Si vous croyez en la compassion, la non-violence, la bonté, la sagesse, la générosité, la quiétude, la solitude, le non-agir, la justice et la lucidité, appliquez-vous ces qualités dans votre vie quotidienne? C'est ce niveau d'intention qui est exigé pour garder vivante votre pratique de méditation, pour l'empêcher de tomber dans l'exercice mécanique d'une croyance portée par la force de l'habitude.

*

« Renouvelle-toi complètement chaque jour ; fais-le encore et encore et tous les jours de ta vie. »

Inscription chinoise
citée par THOREAU dans *Walden*.

EXERCICE :

Demandez-vous pourquoi vous méditez ou pourquoi vous en avez le désir. Ne prenez pas pour argent comptant vos premières réponses. Écrivez la liste de tout ce qui vous vient à l'esprit. Mettez en question vos valeurs. Faites une liste de ce qui compte le plus pour vous. Demandez-vous : quelle est ma vision, quel est mon but dans la vie ? Est-ce que cette vision coïncide avec mes valeurs et mes intentions véritables ? Est-ce que j'incarne ces valeurs ? Est-ce que je mets en pratique mes intentions ? Comment suis-je, en ce moment, dans mon travail, avec ma famille, avec mes amis, avec moi-même ? Quel est mon projet de vie ? Comment puis-je vivre en harmonie avec ma vision ? Comment est-ce que je réagis à la souffrance des autres ainsi qu'à ma propre souffrance ?

S'ouvrir par la méditation

Je me suis laissé dire que dans la langue originale du Bouddha, le pali, on emploie plusieurs mots pour désigner l'action de méditer qui s'est développée dans le monde entier à partir de l'ancienne tradition indienne. Le mot le plus couramment employé est celui de *bhâvana*, qui signifie littéralement « l'épanouissement de l'être par l'entraînement mental ». Pour moi, cette définition est le mot clé qui ouvre les portes de la méditation. Il s'agit en effet du développement du potentiel humain. La méditation est une extension naturelle de l'existence comme de percer ses dents, devenir adulte, faire ses études, gagner sa vie, élever une famille, s'endetter d'une manière ou d'une autre (même si ce n'est qu'envers soi-même en vendant son âme), comprendre enfin que notre destin est de vieillir et de mourir un jour. À un moment ou à un autre, nous serons contraints de faire une pause, de nous remettre en question et de nous demander quel est le sens de la vie – de notre vie.

Les contes de fées et les vieux mythes, affirment des commentateurs modernes tels que

Bruno Bettelheim, Robert Bly, Joseph Campbell et Clarissa Pinkola Estes – entre autres –, sont des guides, des plans, qui aident les hommes à développer pleinement leurs potentialités. La sagesse de ces légendes a été transmise jusqu'à nous depuis la préhistoire, avant l'invention de l'écriture, quand les hommes se réunissaient, le soir autour du feu, pour écouter des histoires magiques. Elles symbolisent les drames que rencontrent les humains dans leur quête du bonheur et de la paix. Les rois et les reines, les princes et les princesses, les génies et les sorcières ne sont pas seulement des personnages de légende. Nous savons intuitivement qu'ils représentent des aspects de notre propre psyché, des fragments de notre inconscient qui s'efforcent d'émerger vers la lumière et d'accomplir leur destin. L'ogre et la sorcière qui habitent en nous doivent être reconnus et assumés sous peine de nous dévorer. La sagesse des anciens mythes et des contes de fées nous guide depuis des millénaires en nous aidant à survivre, à lutter contre les démons tant intérieurs qu'extérieurs, à trouver notre chemin parmi des forêts obscures et des terres désertiques. Ces histoires, d'une sophistication surprenante, nous rappellent qu'il est bénéfique d'unir dans le mariage ces fragments isolés de l'humain, du vivant, en formant une harmonie nouvelle au point de « vivre heureux éternellement », ce qui signifie, en réalité, dans l'ici et le maintenant.

L'un des thèmes que l'on retrouve souvent dans les contes de fées est celui d'un enfant, en général un prince ou une princesse, qui perd son ballon d'or. Que nous soyons du sexe masculin ou féminin, jeunes ou vieux, nous portons en nous ces figures parmi des douzaines d'autres et, pendant un certain temps, nous irradions tous l'innocence dorée de l'enfance. Nous pouvons encore retrouver cette innocence radieuse si nous sommes attentifs à ne pas arrêter notre développement.

Robert Bly affirme que nous perdons ce « ballon d'or » aux alentours de huit ans, et qu'il peut s'écouler un laps de temps de trente ou quarante années avant que nous le retrouvions, ou même que nous nous apercevions de sa perte. Dans les contes de fées, en revanche, ça commence par « il était une fois », et l'on retrouve le ballon en dehors des normes du temps humain, c'est-à-dire quelques jours plus tard. Mais dans les deux cas, il faut faire un compromis avec les forces de l'ombre symbolisées le plus souvent par un affreux crapaud ou par un homme des bois recouvert de poils, avec une longue barbe, qui habite sous l'étang de la forêt comme dans *Jean de Fer*, des frères Grimm.

Avant de pouvoir faire ce compromis, il nous faut reconnaître l'existence de ces créatures, princes et princesses, ogres et sorcières, crapauds et loups, etc. Tenir compte de ces aspects de notre psyché que nous refoulons dans notre inconscient est une condition nécessaire. Et cela nous fait aussi peur que de descendre dans l'inconnu d'un souterrain obscur.

Ces aspects les plus inquiétants de l'âme humaine s'enracinèrent et s'incarnèrent dans le bouddhisme tibétain à partir du VIIIe siècle jusqu'à nos jours, sous une forme artistique d'un raffinement exquis, à travers statues et peintures de démons grotesques et terrifiants qui font tous partie du panthéon des divinités honorées. Il faut se garder de voir ces représentations comme des dieux ou des idoles, mais les considérer comme des entités qui représentent différents états d'esprit d'une énergie sacrée correspondante, qu'il s'agit de reconnaître et d'honorer afin de pouvoir « travailler avec ». L'apparence de ces méchantes créatures avec leurs colliers de têtes de morts et leurs grimaces menaçantes n'est en réalité qu'un déguisement revêtu par les divinités en qui s'incarnent sagesse et compassion. Elles sont supposées nous aider à atteindre une plus grande compréhension et une plus grande indulgence vis-à-vis de nous-mêmes et des autres.

Dans le bouddhisme, le véhicule de ce travail intérieur est la méditation. Ainsi, dans les contes de fées, pour atteindre l'homme des bois sous l'étang, il faut vider l'étang avec un seau. Bly observe qu'il s'agit là d'un travail répétitif qui s'exerce dans la durée. Il n'y a rien de romantique à vider l'eau d'une mare ni à travailler dans une forge ou dans les vignes, jour après jour, année après année. Pourtant, c'est la répétition d'un travail intérieur de cette sorte qui nous fera sentir les forces de notre psyché, qui formera notre initiation. Ce processus est analogue à une alchimie intérieure. En général, cette transformation est associée à la chaleur. La chaleur qui trempe le métal. La discipline qui trempe nos passions. Il en résulte une maîtrise de nous-mêmes, une lucidité qui seront forgées par cette descente dans les profondeurs obscures de notre être. Nous transformerons nos échecs mêmes en source d'énergie.

Ce travail rappelle aussi celui que les disciples de Jung nomment le travail de l'âme, à travers la quête dans le labyrinthe tortueux des profondeurs de notre moi. La chaleur forge, remet en ordre les atomes de notre être psychique, et par la même occasion, ceux de notre corps aussi.

La beauté du travail méditatif est que sa pratique même nous guide à travers le labyrinthe. Pendant nos pires moments, la méditation nous maintient sur le chemin et nous aide à faire face aux états d'esprit les plus angoissants. Même chose pour les problèmes qui surviennent de l'extérieur. Mais pour que la méditation opère, il faut que nous ayons la volonté de faire le travail, de nous confronter au désespoir et à l'ennui, sans fuite en avant ou sans utiliser les milliers de stratagèmes qui se présentent à nous pour éviter l'inévitable.

EXERCICE :

Accueillir en soi le prince et la princesse, le roi et la reine, le géant et la sorcière, l'homme des bois et la femme des bois, le nain et la vieille, le guerrier, le guérisseur et l'illusionniste. Étendre le tapis rouge devant chacun d'entre eux pendant la méditation. Essayer de s'asseoir comme un roi ou une reine, ou un guerrier, ou un sage. Dans les moments troublés et douloureux, utiliser la respiration comme le fil qui nous guidera à travers le labyrinthe. Garder vivante la pleine conscience même dans les épreuves les plus pénibles. Se souvenir que la conscience n'est pas la douleur ; qu'elle ne fait que contenir et témoigner de la douleur. Elle doit donc s'enraciner dans ce qu'il y a de sain, de fort, « d'or » en nous.

La voie de la pratique

> « Au milieu du chemin de notre vie
> Je me trouvai dans une forêt obscure,
> D'où la voie droite avait disparu... »
>
> DANTE ALIGHIERI,
> *La Divine Comédie*, « L'Enfer ».

La métaphore du voyage se retrouve dans la plupart des traditions pour décrire la quête du sens de la vie. En Extrême-Orient, cette quête est représentée par le mot *Tao* qui signifie la « Voie » en chinois. Dans le bouddhisme, la pratique de la méditation est généralement considérée comme une voie – la voie de la pleine conscience, la voie de la compréhension juste, la voie de la roue de la vérité (Dharma). Le Tao et le Dharma signifient aussi la façon d'être des choses, les lois qui gouvernent l'univers et le néant. Tous les événements, que nous les jugions superficiellement en mal ou en bien, sont en harmonie fondamentale avec le Tao. Il nous incombe de percevoir cette harmonie sous-jacente afin de vivre et de prendre des décisions en accord avec la Voie. Mais, il n'est pas facile de discerner quel est le bon chemin, ce qui d'ailleurs permet le libre arbitre, les conflits et les controverses, sans parler du risque de se perdre...

Quand nous méditons, nous reconnaissons que, pendant ce moment, nous sommes sur le chemin de la vie. Le chemin se déroule pendant chaque moment de notre existence. Il est juste de considérer la méditation comme une « voie » plutôt qu'une technique. Cela implique que nous assumions le fait qu'à des périodes critiques de l'existence nous ne savons pas où nous allons ni même où se trouve le chemin. À d'autres moments, nous savons où nous sommes, mais nous nous sentons frustrés, confus, révoltés ou désespérés. D'autre part, il arrive souvent que nous tombions dans le piège de croire fermement que nous connaissons le but de notre vie, parce que nous sommes poussés par une ambition démesurée et le désir de possession. Cet aveuglement s'accompagne d'emplois du temps chargés qui nous rassurent.

L'Élixir de vie, un conte de fées des frères Grimm, raconte l'histoire de trois princes. Les deux frères aînés sont égoïstes et cupides. Le plus jeune est bon et sensible. Le roi, leur père, est en train de mourir. Un vieil homme apparaît mystérieusement dans les jardins du palais pour s'enquérir du malheur qui frappe la famille. En apprenant la maladie du roi, il suggère que « l'élixir de vie » pourrait le sauver. « Si le roi en boit, dit-il, il guérira. Mais cet élixir est très difficile à trouver. »

Le fils aîné obtint en premier la permission de partir à la recherche de l'élixir de vie. Il espérait ainsi gagner la faveur de son père et devenir roi à son tour. Enfourchant son cheval, à peine eut-il parcouru un bout de chemin qu'il rencontra un nain qui l'intercepta en lui demandant où il se rendait à si vive allure. Plein de mépris et d'impatience, le prince ordonna au nain de se retirer hors de sa vue. Ici, l'incident signifie que le frère aîné croit connaître son chemin simplement parce qu'il sait ce qu'il recherche. Bien sûr, ce n'est pas le cas. Mais ce fils arrogant est incapable de discerner les circonstances imprévisibles qui peuvent transformer un projet et changer le cours d'une vie.

De même, le nain du conte n'est pas un personnage extérieur. Il est le symbole des pouvoirs supérieurs de l'esprit. Dans ce cas particulier, le fils égoïste est incapable de reconnaître son pouvoir intérieur qui lui inspirerait des sentiments de bonté et de sagesse. Le nain le punit de son arrogance en rétrécissant le chemin jusqu'à ce que le prince se trouve enfermé dans un ravin étroit d'où il ne peut plus ni avancer ni reculer. Il restera bloqué là tandis que l'histoire continue.

Comme le frère aîné ne revient pas, le deuxième se décide à tenter sa chance. Il rencontre le nain, le traite avec la même condescendance manifestée par son frère et se trouve à son tour bloqué dans le ravin. Étant donné qu'ils forment différentes composantes d'une même personnalité, on peut en conclure qu'il y a des gens qui n'apprendront jamais.

Au bout d'un certain temps, le troisième fils se met en route pour rapporter l'élixir de vie. Lui aussi rencontre le nain qui lui demande où il va à si vive allure. À la différence de ses frères, le prince s'arrête, descend de cheval et parle au nain de la maladie de son père. Il poursuit en disant qu'il est à la recherche de l'élixir de vie et n'a pas la moindre idée par où commencer sa quête. Alors le nain lui répond : « Oh, je connais l'endroit où tu pourras le trouver ! » Et il explique en détail au prince qui écoute attentivement la direction, le lieu et le moyen de trouver l'élixir de vie. Le plus jeune frère fixe dans sa mémoire ces instructions qui sont assez compliquées.

Je laisse au lecteur intéressé par ce conte aux nombreuses facettes le soin d'en découvrir la suite. La leçon que nous pouvons en tirer ici est qu'il est parfois utile d'admettre qu'on a perdu son chemin et de se montrer disponible à l'aide d'autrui qui peut se présenter sous les formes les plus inattendues. En adoptant cette attitude, on attire des énergies bénéfiques – tant intérieures qu'extérieures – qui s'accordent à notre sensibilité et à notre désintéressement. Évidemment, les frères égoïstes font partie aussi des représentations de notre psyché ; l'allégorie nous enseigne que la tendance naturelle des hommes à l'arrogance et à la cupidité, en ignorant l'ordre plus vaste de l'univers, nous conduit finalement à une impasse d'où nous ne pouvons plus sortir, ni en avançant, ni en reculant, ni en faisant demi-tour. Avec cette attitude, nous dit le conte, nous ne trouverons jamais l'élixir de vie et nous resterons éternellement bloqués au même endroit.

Le travail de la pleine conscience exige que l'on reconnaisse et que l'on honore le « nain » de notre énergie plutôt que de se précipiter dans des entreprises douteuses, animé seulement par l'ambition personnelle et l'appât du gain. Pour illustrer ceci, la suite du conte de fées raconte comment le jeune frère parcourt une route pénible et longue avant de comprendre la réalité des relations par rapport à ses frères, par exemple. Avant d'atteindre la sagesse et le plein emploi de ses énergies, il devra subir des épreuves douloureuses au cours desquelles il sera trahi. Sa naïveté lui coûtera cher. Il est enfin récompensé en parcourant, à la fin de l'histoire, une route pavée d'or. Finalement, il épouse la princesse de ses rêves (je ne vous avais pas encore parlé d'elle) et il devient roi à part entière – non en succédant à son père.

EXERCICE :

Envisager sa vie, aujourd'hui même, comme un long voyage, une aventure. Où allons-nous ? Que cherchons-nous ? Où sommes-nous maintenant ? À quel stade de notre voyage ? Si la vie était un livre, quel nom lui donnerions-nous ? Quel serait le nom du chapitre où nous nous trouvons maintenant ? Êtes-vous coincé là d'une manière ou d'une autre ? Êtes-vous entièrement ouvert aux énergies dont vous disposez en ce moment ? Notez que ce voyage appartient à vous seul, à personne d'autre. Ce chemin est donc le vôtre. Cela ne vous servirait à rien d'imiter le voyage de quelqu'un d'autre tout en étant fidèle à vous-même. Êtes-vous prêt à reconnaître le fait que vous êtes unique ? Pouvez-vous l'accepter en vous consacrant totalement à la pratique de la méditation ? Pouvez-vous vous engager à éclairer votre chemin à la lumière de la pleine conscience ? Pouvez-vous discerner les pièges qui peuvent se dresser sur votre chemin ? Est-ce que ça vous est déjà arrivé de vous trouver bloqué ?

Méditation et pensée positive

C'est notre faculté de penser qui nous différencie d'une façon si radicale des autres espèces. Mais si nous n'y prenons pas garde, cette faculté peut évincer d'autres facettes tout aussi précieuses de notre personnalité. Souvent, la faculté d'éveil en est la première victime.

La conscience n'est pas la pensée. La conscience est dans une autre dimension, au-delà de la pensée, tout en l'utilisant et en reconnaissant sa valeur et son pouvoir. La conscience ressemble à un plat qui contiendrait nos pensées, en nous aidant à les considérer comme des pensées et non comme la réalité.

L'esprit pensant peut être sévèrement fragmenté à certains moments. La plupart du temps, d'ailleurs. C'est la nature de la pensée. Mais la conscience peut nous aider à percevoir que notre nature fondamentale est déjà intégrée et entière. Loin d'être handicapée par le pot-pourri de nos pensées, la conscience est semblable à la marmite dans laquelle mijotent différents aliments : carottes, oignons, poireaux, pommes de terre, etc., cuisant ensemble, finissent par devenir une soupe consistante et nourrissante. Il s'agit ici d'une marmite magique, où il n'y a rien à faire, à part allumer le feu. La conscience est ce feu qui cuit les aliments, aussi longtemps qu'il est entretenu. Tout ce qui nous vient à l'esprit, tout ce qui s'empare de notre corps, est jeté dans la marmite, et constitue la soupe.

La méditation n'implique pas que nous changions notre manière de penser en pensant davantage. Elle propose seulement que nous observions le processus de notre pensée. Par l'observation, nous contenons en quelque sorte nos pensées. En les observant sans être entraînés dans leur flux, nous sommes en mesure d'apprendre quelque chose de libérateur au sujet de la pensée même. Nous échappons ainsi aux modèles habituels de raisonnement – qui nous dominent si fortement – et qui sont la plupart du temps étroits, inexacts, narcissiques et faux.

Une autre manière de considérer la méditation est de visualiser le processus de raisonner comme une cascade, une cataracte de pensées sans fin. En cultivant la pleine conscience, nous nous plaçons *au-delà* ou *en deçà* de nos pensées, un peu comme si nous observions la cascade à l'abri d'une grotte. Nous entendons et nous voyons l'eau qui déferle mais nous ne sommes pas emportés par le courant du torrent.

En pratiquant de cette façon, nos habitudes de pensée se transforment insensiblement en intégrant dans nos vies la compréhension et la compassion. C'est en percevant la nature de notre faculté de raisonner en tant que pensées, qu'elles nous servent plutôt que nous soyons asservis par elles.

Lorsque nous nous efforçons de penser « positif », cela peut être utile mais il ne s'agit pas de méditation. Il s'agit simplement de *plus* de pensée. Nous risquons autant d'être prisonniers de la « pensée positive » que des pensées négatives. Elle aussi peut être réductrice, fragmentée, inexacte, illusoire et fausse. La transformation de nos vies, au-delà des limites de la pensée, exige un élément autre que « penser positif ».

Le retour à soi

On a facilement l'impression que la méditation équivaut à se retirer à l'intérieur de soi. Mais le « dedans » et le « dehors » sont des notions limitées. Dans la quiétude de la pratique traditionnelle, nous tournons nos énergies vers l'intérieur pour découvrir que nous contenons en nous le monde entier.

Après avoir séjourné un certain temps à l'intérieur de nous-mêmes, nous commençons à nous rendre compte combien il est futile de toujours rechercher au-dehors le bonheur et la sagesse. Je ne prétends pas que Dieu, le monde extérieur et les autres ne nous apportent pas du bonheur et des satisfactions. Simplement, notre bonheur, nos satisfactions et notre compréhension de Dieu sont à la mesure de notre capacité à rentrer en nous-mêmes pour mieux nous connaître, à nous sentir bien dans notre peau, à sentir une intimité avec notre propre corps et notre esprit.

En nous retirant à l'intérieur de nous-mêmes, dans la tranquillité, pendant quelques moments chaque jour, nous sommes en contact avec ce qu'il y a de plus réel et de plus vrai en nous – qui, d'autre part, est aisément négligé et non développé. Lorsque nous réussissons à nous recentrer, même pour quelques courts instants, confrontés aux turbulences du monde extérieur, sans éprouver à chercher ailleurs une source de bonheur, nous sommes à l'aise partout, en paix avec les choses telles qu'elles sont, moments après moments.

*

« Ne sors pas de ta maison pour regarder les fleurs
Mon ami, ne fais pas cet effort.
Les fleurs sont en toi.
Une fleur possède des milliers de pétales.
Cet endroit-ci est propice pour t'asseoir.
Assis là, tu apercevras un éclair de beauté
À l'intérieur et à l'extérieur de ton corps,
Avant les jardins et après les jardins. »

KABIR

*

« Le lourd est la racine du léger.
L'immuable est la source de tout mouvement.

Ainsi, le Maître voyage toute la journée
Sans quitter sa maison.
Splendides les paysages,
Elle demeure, sereine, en elle-même.

Sans franchir le pas de ta porte
Connais les voies de sous le Ciel
Sans regarder à ta fenêtre
Connais la Voie du Ciel

Plus loin tu vas
Moins tu connais

Le sage connaît sans se mouvoir
Comprend sans voir
Œuvre sans faire. »

LAO-TSEU, *Tao-tö-king*.

*

« Dirige ton regard à l'intérieur, et tu trouveras
Des milliers de régions encore inexplorées.
Découvre-les et deviens expert en cosmographie personnelle. »

THOREAU, *Walden*.

EXERCICE :

La prochaine fois que vous éprouverez un sentiment d'insatisfaction, qu'il vous manque quelque chose, rentrez à l'intérieur de vous-même, à titre d'expérience. Voyez si vous pouvez capter l'énergie de ce moment. Au lieu de feuilleter un magazine, d'aller au cinéma, d'appeler une amie, de chercher quelque chose à manger ou de vous agiter d'une manière ou d'une autre, trouvez-vous une place adéquate. Asseyez-vous et prenez conscience de votre respiration, même si ce n'est que pendant quelques minutes. Ne cherchez rien. Ni fleurs, ni lumière, ni beau paysage. N'exaltez pas les vertus de quelque chose ni ne condamnez les défauts de ce qui vous entoure. Ne vous dites même pas : « Je rentre à l'intérieur de moi. » Restez simplement assis. Vous résidez au centre de l'univers. Laissez les choses en l'état.

DEUXIÈME PARTIE

Le cœur de la pratique

« Ce qui est derrière nous et ce qui est devant nous ne sont que peu de chose comparés à ce qui est au-dedans de nous. »

OLIVER WENDELL HOLMES.

La méditation assise

La position assise a-t-elle quelque chose de spécial ? Non, si nous parlons de la manière habituelle de s'asseoir, c'est-à-dire une façon de soulager ses jambes du poids de son corps. Mais il s'agit de tout autre chose quand nous associons la position assise à la méditation.

Superficiellement, on s'en aperçoit facilement au premier regard. Par exemple, on ne peut savoir si une personne est en train de méditer, lorsqu'elle est debout, couchée ou en train de marcher. En revanche, on le voit tout de suite quand la personne est assise par terre. Sous tous les angles, la posture incarne l'éveil, même quand les yeux sont mi-clos et que le visage est calme et serein. La stabilité et la majesté de la posture assise font penser à une montagne. Cette solidité est très impressionnante. Dès que la personne s'endort, toutes ces qualités disparaissent. À l'intérieur, l'esprit s'effondre, à l'extérieur, le corps s'affaisse.

Dans la méditation assise, on reste immobile, le dos droit, dans le prolongement de la tête, pendant des périodes assez longues. Il est relativement aisé d'acquérir une posture droite avec, cependant, beaucoup de pratique. Mais le plus difficile est de maintenir correcte la posture intérieure. Il s'agit de savoir ce que fait l'esprit... de trouver la posture de l'esprit.

Il existe plusieurs façons d'aborder le moment présent dans la posture assise. Toutes les approches impliquent de faire attention à l'intention, sans émettre de jugements de valeur. Ce qui diffère, c'est sur quoi l'on se concentre et comment on s'y prend.

Le mieux est la simplicité : commencer par la respiration. Sentir le souffle qui entre et qui sort. Au bout d'un certain temps, on peut accroître son champ de conscience de manière à observer les va-et-vient, les circonvolutions de nos pensées et les tourbillons de nos sensations, les perceptions et les pulsions de notre corps et de notre esprit. Mais cela prendra du temps avant que la concentration et la pleine conscience se renforcent assez pour englober un aussi vaste champ d'objets d'observation sans s'y perdre ou s'y engluer. Pour la plupart d'entre nous, cela exige des années d'efforts et cela dépend surtout de la force de notre motivation et de l'intensité de notre pratique. C'est pourquoi, au début, il est préférable de rester avec le souffle et de s'en servir comme d'une ancre si l'on part à la dérive. Essayez pendant quelques années et vous verrez le résultat.

EXERCICE :

Réservez-vous chaque jour un peu de temps simplement pour être. Cinq minutes, ou dix ou vingt si vous en avez le courage. Asseyez-vous et observez le déroulement des moments sans autre but que d'être pleinement présent. Utilisez la respiration comme l'ancre qui vous retient au moment présent. Votre esprit vagabondera sans doute ici ou là, jusqu'à ce que la chaîne de l'ancre se tende à un moment donné et vous ramène à bon port. Ça peut arriver souvent. Revenez à chaque fois au souffle. Gardez le dos droit sans être raide. Pensez que vous êtes une montagne.

Prendre place

Cela peut aider de s'installer sur son coussin ou sa chaise avec l'intention précise de prendre *sa place*. S'asseoir pour méditer n'a rien à voir avec l'action ordinaire de s'asseoir quelque part. Une énergie se crée dans le fait que l'on choisit sa place avec une intention bien définie, tandis que la pleine conscience envahit le corps. La posture représente une position, comme dans l'expression « prendre position », en dépit du fait que l'on soit assis. On dit qu'il existe des lieux où convergent des forces magnétiques pour les uns – magiques pour les autres – aussi bien à l'intérieur d'une maison qu'à l'extérieur, qui seraient bénéfiques ou maléfiques. Néanmoins, avec cette attitude de « prendre position », on peut s'asseoir n'importe où en se sentant chez soi, bien dans sa peau. Quand l'esprit et le corps s'unissent étroitement pour avoir conscience de la posture, du temps et de l'espace, sans s'attacher aux règles formelles, alors seulement, on pratique véritablement la méditation assise.

La dignité

Le mot qui me vient le plus naturellement à l'esprit pour décrire la posture assise est celui de « dignité ».

Lorsque l'on s'assoit pour méditer, notre posture parle. Elle s'affirme telle qu'elle est. On pourrait presque dire que la posture elle-même est la méditation. Quand nous courbons l'échine, elle reflète une énergie défaillante, de la passivité, une absence de lucidité. Si nous sommes assis droits et rigides comme un manche à balai, nous sommes tendus, nous faisons trop d'efforts. Quand, pendant l'enseignement, j'emploie le mot « dignité », en disant aux gens : « Asseyez-vous d'une manière qui incarne la dignité », tout le monde se redresse en ajustant immédiatement sa posture. Mais les élèves ne se raidissent pas pour autant. Les visages se détendent, les épaules se relâchent, la tête, le cou et le dos s'alignent. La colonne vertébrale s'élève du bassin avec énergie. Parfois, les gens se penchent légèrement en avant, en s'écartant du dossier de leur chaise. Chacun semble sentir immédiatement ce sentiment de dignité et comment l'exprimer.

Peut-être avons-nous besoin de temps en temps qu'on nous rappelle que nous sommes dignes et méritants. Parfois nous ne nous sentons pas ainsi à cause des blessures et des cicatrices du passé et de l'incertitude de l'avenir. Ce sentiment de culpabilité n'est pas inhérent à la nature humaine. Nous avons été manipulés depuis l'enfance à nous sentir indignes et nous avons bien appris notre leçon.

Donc, quand nous sommes assis en méditation, avec dignité, nous retournons à notre caractère originel. Cette affirmation n'est pas gratuite. Notre moi est à l'écoute. Sommes-nous également prêts à écouter ? Sommes-nous prêts à écouter les divers courants de l'expérience de ce moment-ci, de celui-là… ?

EXERCICE :

Asseyez-vous avec dignité pendant trente secondes. Observez ce que vous ressentez. Essayez la même chose dans la position debout. Comment sont placées vos épaules ? Comment sont dressés votre colonne vertébrale, votre cou et votre tête ? Vous serait-il possible de marcher avec dignité ?

La posture

Quand vous êtes assis pour méditer avec une volonté intérieure très forte, le corps lui-même s'ajuste dans une position de conviction profonde et de fermeté. Cet état rayonne de l'intérieur vers l'extérieur. Une position assise pleine de dignité affirme la liberté, l'harmonie, la beauté et la richesse de la vie.

Parfois nous éprouvons cette sensation, parfois non. Mais même lorsque nous nous sentons déprimés et confus, s'asseoir en méditation peut affirmer la force et la valeur de l'existence que nous sommes en train de vivre. Si nous avons la patience, même pendant un bref instant, de maintenir cette posture assise, nous pourrons peut-être toucher le centre de notre être, ce lieu qui est au-delà du haut et du bas, du libre et du pesant, du lucide et du confus. Ce noyau est similaire à la conscience même. Il ne fluctue pas au gré des circonstances ou de nos états d'âme. Il reflète avec l'objectivité du miroir ce qui se présente à lui. Cela implique une connaissance profonde de ce qui est présent dans notre vie, de ce qui l'a bouleversée, de ce qui nous dépasse – la conscience que tout change inexorablement. Pour cette raison, il nous faut maintenir le miroir devant le moment présent, chevauchant les vagues qu'il provoque, comme on surfe sur les vagues de notre souffle, en ayant la certitude que nous arriverons enfin à surmonter l'obstacle, à le traverser ou à le dépasser. Il ne s'agit pas de faire des efforts énormes mais simplement d'observer, de *laisser être* les choses en les ressentant pleinement, moment par moment.

La méditation assise n'est pas une tentative pour échapper aux problèmes et aux difficultés dans une sorte de déni méditatif, de refuge égocentrique. Au contraire, elle est un désir de faire face à la douleur, à la confusion, à la perte, si c'est cela qui domine le moment présent. Dans la posture assise, on cherche à comprendre simplement en gardant la situation à l'esprit, tout en évitant de trop penser, en suivant la respiration.

Dans la tradition zen, le maître Shunru Suzuki Roshi a dit : « L'état d'esprit qui est présent quand vous vous asseyez dans la posture correcte est déjà l'illumination... Ces formes [la méditation assise ou autre] ne sont pas les moyens d'obtenir l'état d'esprit correct. Prendre la posture correcte est en soi l'état d'esprit correct. »

Ainsi, quand nous pratiquons la méditation assise, en premier lieu, notre corps affirme, rayonne et transmet une attitude de présence absolue, qui signifie que nous sommes disponibles à reconnaître et à accepter tout ce qui se présente à n'importe quel moment. Cette attitude est celle du détachement, d'une stabilité inébranlable, ouverte et réceptive, qui reflète la réalité comme un miroir limpide. La posture, c'est-à-dire la manière dont on est assis, incarne cette attitude.

C'est pourquoi la plupart des gens s'inspirent de l'image de la montagne pour ancrer la concentration et la pleine conscience, pendant la méditation assise. L'évocation des attributs de la montagne, la majesté, la masse, l'immobilité, l'enracinement, aident à intégrer ces qualités dans la posture.

Il est donc important d'introduire le plus souvent possible ces qualités dans votre méditation. Pratiquer chaque jour la posture incarnant la dignité, l'immobilité, la sérénité, face au premier état d'esprit qui se présente, surtout lorsque vous n'êtes pas particulièrement stressé ou perturbé, peut donner une fondation solide pour maintenir la pleine conscience et la sérénité, en période de crise et de troubles. Pour cela, il faut pratiquer, pratiquer, pratiquer.

Il est tentant de se dire que l'on sait comment entrer dans la pleine conscience et que l'on garde ce savoir en réserve uniquement pour faire face aux épreuves graves. Mais ces épreuves ont un tel pouvoir qu'elles vous anéantiront, vous et vos velléités romantiques. La pratique de la méditation ressemble au lent travail, discipliné, qui consiste à creuser des tranchées, à travailler la vigne, à vider une mare avec un seau. C'est à la fois le travail d'une succession de moments et le travail de toute une vie.

Que faire avec les mains ?

Dans les traditions indienne et chinoise, des circuits énergétiques variés ont été repérés dans le corps humain depuis des millénaires. Ces circuits, les méridiens, sont utilisés à des fins médicales, énergétiques et, à un niveau supérieur, spirituelles. Nous savons intuitivement que notre corps parle. Cette expression irradie au-dehors comme au-dedans. Aujourd'hui, nous nommons ce phénomène « le langage du corps ». Nous pouvons déceler à travers ce langage – pour peu qu'on y soit sensible – le sentiment que les gens ont de leur propre personne.

Mais pour l'instant, je fais allusion à l'importance d'être réceptif au langage de *notre* propre corps. Cette prise de conscience peut être un catalyseur pour la transformation et la croissance de notre vie intérieure. Dans les traditions yogiques, ce champ de connaissance s'étend à certaines positions du corps qu'on appelle *mudras*. Dans un sens, on peut dire que toutes les postures sont des mudras : chacune revêt une signification particulière et est associée à une énergie correspondante. Les mudras s'appliquent plus spécialement à la position des mains et des pieds.

Lorsque l'on observe attentivement dans les musées les peintures et les statues bouddhistes, on est tout de suite frappé par la diversité des positions des mains dans les reproductions de bouddhas en méditation. Dans la posture assise, les mains peuvent être posées sur les genoux, la paume tournée vers le bas ; parfois, l'une ou l'autre paume est retournée vers le haut ; quelquefois encore, un ou plusieurs doigts touchent la terre tandis que l'autre main est levée. Souvent, les mains reposent sur les jambes croisées, avec les doigts d'une main posés délicatement sur les doigts de l'autre, les pouces se touchant comme si les mains tenaient un œuf invisible. C'est « la mudra cosmique ». Dans une autre position, qui ressemble au geste chrétien de la prière, les deux mains sont jointes à la hauteur de la poitrine. Ce salut oriental de bienvenue signifie aussi que l'on reconnaît dans l'autre la divinité.

Ces mudras de la main incarnent différentes énergies que vous pouvez vous-même expérimenter durant la méditation. Par exemple, essayez de vous asseoir avec les paumes posées sur les genoux. Observez dans cette position une certaine qualité de contention. Pour moi, cette posture signifie que je ne recherche rien d'autre que « digérer » ce qui est.

Ensuite, si vous retournez précautionneusement vos deux paumes, vous remarquerez peut-être un changement d'énergie dans votre corps. L'assise dans cette posture représente pour moi une réceptivité, une ouverture vers ce qui est au-dessus de moi, l'énergie du ciel – comme disent les Chinois : « Tel haut, tel bas. » Quelquefois, j'éprouve une impulsion irrésistible à m'ouvrir à l'énergie qui vient du haut. Dans les périodes troublées et confuses, il peut être d'un grand secours de mettre l'accent sur la réceptivité dans notre pratique de méditation assise. Cela peut se faire simplement en ouvrant les paumes vers le ciel. Nous ne recherchons pas une aide qui nous tomberait du ciel comme par magie. Plutôt, nous nous rendons disponibles à une vision, une intuition supérieure qui font résonner en nous des énergies que nous qualifions habituellement de divines, célestes, cosmiques, bref, d'un niveau de sagesse élevé.

Chacune des positions de nos mains est une mudra dans la mesure où elle est associée à des énergies subtiles ou même grossières. Prenez par exemple l'énergie du poing. Quand nous sommes en colère, nous avons tendance à serrer les poings. Il y a des gens qui pratiquent très souvent cette mudra au cours de leur vie… Chaque fois qu'on serre les poings, on cultive en soi-même des graines de violence qui se développeront inexorablement.

La prochaine fois que vous vous surprendrez à serrer les poings, essayez d'examiner avec pleine conscience l'attitude mentale qui correspond au poing fermé. Sentez la tension, la haine, la colère, l'agressivité et la peur qu'il contient. Ensuite, au beau milieu de votre colère contre la personne qui est devant vous, essayez à titre expérimental d'ouvrir vos poings, en plaçant vos paumes de main réunies sur votre cœur dans la posture de la prière. (Évidemment, la personne n'aura pas la moindre idée de ce que vous faites.) Notez ce qui arrive à votre colère et à votre souffrance lorsque vous maintenez cette position pendant seulement quelques secondes.

Quant à moi, il est très rare que je continue à être en colère quand je fais cette expérience. Ce n'est pas que la colère ne soit pas souvent justifiée. C'est plutôt que toutes sortes de sentiments différents entrent en jeu qui encadrent et domptent l'énergie de la colère – des sentiments de sympathie et de compassion envers l'autre personne, et peut-être une plus grande compréhension de la ronde infernale où nous nous trouvons entraînés tous les deux... Un mouvement en entraînant un autre, une cause provoquant une réaction en chaîne dont le résultat sera souvent interprété à tort à l'encontre d'une autre personne, l'agressivité provoquant l'agressivité. Pas la moindre trace de sagesse autour de nous.

Quand Gandhi fut assassiné à bout portant, il joignit ses mains sur sa poitrine en direction de son assaillant et prononça son mantra avant de mourir. Des années de méditation et de pratique du yoga, la lecture assidue de la *Bhagavad-Gita* l'avaient préparé à un détachement à l'égard de toutes ses activités, y compris de sa propre vie. Cela lui permit de choisir l'attitude qu'il prendrait au moment même où l'on lui volait sa vie. Il n'est pas mort en colère ni même surpris. Il se savait constamment en danger de mort. Mais il s'était entraîné à marcher au rythme de sa propre vision de l'action juste. Il en était arrivé au point où il incarnait véritablement la compassion. Il vivait un engagement inébranlable dans la lutte pour la liberté politique et spirituelle. En comparaison, son bien-être personnel passait au second plan. Il mettait continuellement sa vie en jeu.

EXERCICE :

Prendre conscience des diverses émotions que vous pouvez ressentir au cours de la journée et pendant votre pratique de méditation assise. Soyez particulièrement attentif à vos mains. Sentez-vous une différence dans leurs positions diverses ? Demandez-vous si vous devenez plus vigilant en ayant conscience du langage du corps.

En pratiquant régulièrement la méditation assise avec une posture précise des mains, observez si cela ne modifie pas votre manière de toucher. Le sens du toucher est autant impliqué dans la façon d'ouvrir une porte que dans la façon de faire l'amour. On peut ouvrir une porte si distraitement que l'on se cogne la tête contre le chambranle. Imaginez la stimulation que provoque le fait de toucher une autre personne, non pas d'une façon automatique ou égoïste, mais avec amour, en étant présent.

Comment sortir de la méditation

La fin de toute méditation traditionnelle s'organise autour d'un rituel minutieux. En anticipant la fin de la pratique, il arrive que l'on relâche sa pleine conscience. Il est important de savoir comment y remédier. Ce sont justement ces transitions qui sont un défi à notre conscience et qui peuvent élargir son champ d'action.

Donc, vers la conclusion d'une période de méditation, si l'on n'est pas particulièrement vigilant, on se retrouve tout à coup occupé à faire autre chose, sans avoir eu la moindre perception de comment notre méditation s'est terminée. Au mieux, la transition ne sera qu'un vague souvenir. La manière d'introduire la pleine conscience dans ce processus est d'observer attentivement les pensées et les impulsions qui nous indiquent qu'il est temps de nous arrêter. Que l'on soit tranquillement assis depuis une heure ou seulement trois minutes, une impulsion puissante peut surgir qui nous dit : « Ça suffit. » Ou bien, nous jetons un coup d'œil furtif sur notre montre pour vérifier s'il est l'heure à laquelle nous avions décidé d'arrêter.

Pendant votre méditation, essayez de détecter les premiers signes de lassitude qui ne feront que croître en intensité. Avant de céder à l'impulsion, respirez lentement pendant quelques minutes et demandez-vous : « Qui en a assez ? » Essayez de réfléchir à ce qui provoque l'impulsion. Est-ce la fatigue, l'ennui, la douleur physique, l'impatience ? Ou bien est-ce vraiment l'heure de s'arrêter ? Quelle que soit la cause, au lieu de vous lever automatiquement et de vaquer à vos occupations habituelles, essayez de rester tranquille quelques instants de plus avec ce que vous aurez découvert au cours de votre analyse, respirez, et en achevant votre méditation, prenez conscience de chaque moment qui se déroule, comme vous le faites au cours de la méditation.

Cette manière de pratiquer peut accroître la pleine conscience dans toutes sortes de situations qui demandent la conclusion de quelque chose avant d'entreprendre un nouveau projet. Cela peut aller d'un geste aussi élémentaire que de refermer une porte, à une situation douloureuse et compliquée comme de faire son deuil d'une partie de son existence et de repartir de zéro. C'est si normal de fermer une porte sans y penser, car ça n'a pas d'importance (sauf peut-être quand le bébé dort). Mais c'est justement parce que c'est d'une importance relative que la manière de fermer consciemment une porte active et approfondit notre sensibilité en effaçant quelques-unes des rides les plus profondes de notre inconscience habituelle.

Étrangement, un comportement tout aussi dépourvu de pleine conscience peut s'introduire dans les transitions les plus importantes de notre vie, telles que la vieillesse et la mort. Ici pourtant, la pleine conscience peut apporter des effets bénéfiques. Mais nous avons érigé des défenses efficaces pour nous protéger contre les dégâts d'un trop-plein d'émotions – douleur, tristesse, honte, déception, colère ou même joie et plaisir. Ainsi, nous nous réfugions inconsciemment dans une torpeur opaque qui nous empêche d'identifier nos sensations et même d'en avoir. Comme un épais brouillard, ces plages d'inconscience recouvrent précisément les moments qui touchent à l'aspect universel de l'être et du devenir sous-jacent à nos engagements émotionnels ; des moments qui dévoilent le mystère de notre petitesse, de notre fragilité éphémère face aux changements inéluctables de l'univers, et donc, de nos vies.

Dans la tradition zen, les méditations en groupe s'achèvent souvent sur un coup sec frappé fortement avec un clapet en bois. On n'entend pas le tintement clair d'une cloche qui signalerait avec une nostalgie romantique la fin de la méditation assise. Ici, le message est de couper net – il est temps de passer à autre chose. Si vous étiez plongé dans une de vos rêveries, le claquement sec du clapet vous en tirera brusquement et ainsi vous constaterez combien vous étiez peu présent à cet instant-là. Cela vous rappellera que la méditation est terminée et que maintenant, vous êtes à nouveau confronté au moment présent.

Dans d'autres traditions, on agite délicatement une clochette pour marquer la fin de la méditation en groupe. La douceur du timbre de la cloche nous ramène aussi à la fin de la pratique et nous indique où notre esprit s'égarait au moment du tintement de la cloche. En conséquence, nous constatons que pour mettre fin à la méditation assise, douceur et harmonie sont aussi valables que force et autorité. Les deux signaux nous rappellent qu'il faut être totalement présent dans les moments de transition, que les fins sont aussi des commencements, et que le plus important, d'après le Sutra du Diamant, est de « cultiver un esprit qui ne s'attache à rien ». Alors seulement serons-nous capables de voir les choses comme elles sont et de réagir avec la sagesse dont nous disposons.

*

« Le Maître voit les choses telles qu'elles sont
Sans essayer de les diriger.
Il les laisse suivre leur cours,
Et demeure au centre du cercle. »

LAO-TSEU, *Tao-tö-king*.

EXERCICE :

Prenez conscience de la manière dont vous terminez votre méditation, quelle que soit sa forme : couché, assis, debout, ou en marchant.

Concentrez-vous sur « qui » la termine, sur comment elle se termine, à quel moment et pourquoi.

Ne formulez pas de jugements de valeur sur votre méditation ni sur vous-même – observez simplement et concentrez-vous sur la transition d'une chose à une autre.

Durée de la pratique

Question : Docteur Kabat-Zinn, combien de temps par jour faut-il pratiquer ?

Réponse : Comment pourrais-je le savoir ?

Cette question de la durée de la pratique quotidienne de la méditation nous est souvent posée. Depuis que nous employons à l'hôpital la technique de la méditation avec nos patients, nous avons pensé qu'il serait bon de les habituer dès le début à de relativement longues périodes de méditation. Je suis fermement convaincu que lorsqu'on demande beaucoup aux gens, on obtient beaucoup et, inversement, lorsqu'on leur demande peu, on en obtient peu ! Donc, nous sommes partis sur la base d'un minimum de quarante-cinq minutes de pratique quotidienne. Ce laps de temps semblait assez long pour trouver la quiétude et la concentration, moment après moment, et pour éprouver parfois des instants fugitifs de bien-être et de relaxation profonde. Cela devrait suffire aussi pour neutraliser les états d'âme que nous redoutons le plus, parce qu'ils nous empêchent de rester calmes et pleinement conscients, quand ils nous envahissent. Ces envahisseurs sont en général : l'ennui, l'impatience, la frustration, la peur, l'angoisse (y compris celle devant toutes les choses utiles que l'on pourrait faire si l'on n'était pas en train de méditer...), les fantasmes, les souvenirs, la colère, la douleur, la fatigue et toute la détresse humaine.

L'expérience a montré que notre intuition s'est révélée justifiée. La plupart des malades qui sont passés par notre clinique se sont efforcés – non sans peine – d'ajuster leur emploi du temps en fonction d'une période de quarante-cinq minutes de méditation quotidienne, pendant huit semaines au moins. Une partie d'entre eux ont poursuivi cette discipline de vie qui leur est devenue non seulement facile, mais nécessaire, vitale, même.

Mais ce n'est pas si simple. Ce qui est faisable pour une personne pendant un certain temps n'est peut-être plus possible à un autre moment de son existence. Par exemple, une mère célibataire avec des enfants en bas âge ne pourra pas disposer de quarante-cinq minutes d'affilée. Est-ce que cela signifie qu'elle ne peut méditer ?

De même, si votre vie est très perturbée et que vous vous trouvez plongé dans un chaos économique et social, vous aurez du mal à susciter en vous l'énergie psychique nécessaire pour méditer, même si vous en avez le temps. Quelque chose semble toujours se mettre en travers de l'intention. En outre, pratiquer dans un espace réduit, entouré des autres membres de la famille, crée une gêne et ne facilite pas la concentration.

Les étudiants en médecine, ainsi que les gens qui occupent des emplois stressants et à haute responsabilité ne peuvent consacrer régulièrement une heure de leur temps au « non-agir ». Il en va de même pour ceux qui éprouvent de la curiosité pour la méditation mais qui ne sont pas suffisamment motivés pour déranger les habitudes et le confort de leur vie quotidienne.

Mais pour ceux qui recherchent un équilibre dans leur vie, il est essentiel d'adopter une certaine flexibilité dans leur comportement. Il faut savoir aussi que la méditation n'a rien à voir avec le temps de l'horloge. De toute façon, les notions de « long » et de « court » sont relatives. Cinq minutes de pratique formelle peuvent être aussi profondes et valables que quarante-cinq minutes. La sincérité de notre effort compte bien plus que le temps écoulé, car nous nous plaçons dans une dimension où les minutes et les heures sont remplacées par une succession de moments uniques, à l'infini. En conséquence, si l'on a le désir de pratiquer, seulement un peu, c'est cela qui compte. La pleine conscience a besoin d'être entretenue et nourrie, ainsi que protégée des tourbillons d'une vie mouvementée ou d'un esprit agité et tourmenté, comme une petite flamme a besoin d'être abritée des courants d'air.

Si vous pouvez tenir pleinement conscient cinq minutes, ou même une minute, au début, ça serait vraiment merveilleux. Cela signifierait que vous avez compris la valeur de l'immobilité, de passer du *faire* à *l'être*, même temporairement.

Quand nous enseignons la méditation aux étudiants en médecine pour les aider à surmonter le stress et les traumatismes de l'enseignement médical sous sa forme actuelle, nous n'exigeons pas qu'ils pratiquent quarante-cinq minutes par jour. Il en va de même pour les athlètes qui désirent entraîner leur mental autant que leur corps, ou pour les malades en rééducation pulmonaire lourde, ou encore pour les employés qui prennent un cours de réduction du stress pendant leur heure de déjeuner. En revanche, nous leur demandons de pratiquer une quinzaine de minutes chaque jour, ou même deux fois par jour, s'ils le peuvent.

Si l'on y réfléchit, il y a peu de gens – quelles que soient leurs conditions de vie – qui ne peuvent disposer de quinze minutes dans une journée de vingt-quatre heures. Et si quinze minutes sont encore trop, de dix ou de cinq minutes.

Souvenez-vous qu'une ligne droite de quinze centimètres contient un nombre infini de points, de même qu'une ligne de seulement trois centimètres de long. Eh bien alors, combien de moments sont contenus dans quinze ou dix ou cinq minutes ? En conclusion, nous disposons de beaucoup de temps, si nous avons la volonté de prendre conscience de quelques moments privilégiés.

Avoir l'intention de pratiquer la méditation, saisir le moment – n'importe lequel – et le vivre pleinement dans notre posture intérieure et extérieure, forme le noyau dur de la pleine conscience. Les périodes « longues » et « courtes » de méditation sont toutes méritoires, mais les « longues » risquent de ne jamais se manifester si les obstacles et les frustrations diverses se mettent en travers de notre route. C'est pourquoi il est préférable de s'aventurer graduellement dans les périodes plus longues de pratique selon ses possibilités individuelles plutôt que de ne jamais goûter à l'état de pleine conscience et de quiétude parce que les obstacles nous paraissent insurmontables. Un voyage de dix mille kilomètres commence avec le premier pas. Quand nous nous engageons à faire ce pas – en ce cas précis, prendre notre place assise même pour un temps très court –, nous pouvons rencontrer l'éternité à n'importe quel moment. De cette sensation, et d'elle seule, découleront tous les bienfaits de la méditation.

*

« Quand tu me chercheras véritablement,
Tu me verras sur-le-champ.
Tu me trouveras dans le plus petit espace-temps. »

KABIR

EXERCICE :

S'asseoir en méditation pendant différentes périodes de temps mesurable. Voir si cela modifie votre pratique. Est-ce que votre concentration faiblit lorsque vous prolongez votre méditation ? Est-ce que vous vous énervez en pensant à combien de temps vous « devez » encore rester immobile ? Est-ce que l'impatience s'élève à un certain point ? Est-ce que vos pensées deviennent obsessionnelles ou négatives ? Remarquez-vous une certaine agitation ? Une angoisse ? De l'ennui ? Une envie de dormir ? Un engourdissement ?

Si vous pratiquez la méditation depuis peu, vous arrive-t-il de dire : « C'est idiot », ou : « Est-ce que je le fais bien ? », ou encore : « Je ne ressens pas grand-chose. C'est normal ? »

Est-ce que ces sensations surviennent dès le début de la pratique ou peu à peu ? Les percevez-vous comme des états d'esprit ? Êtes-vous capable de les observer sans les juger ni vous juger vous-même, même pendant un temps très court ?

Si vous accueillez ces sensations avec bienveillance, en analysant leurs qualités et en les laissant « être », vous pourrez apprendre beaucoup sur ce qui est fort et inébranlable en vous. Et ce qui est fort peut le devenir encore davantage si vous cultivez la stabilité et le calme intérieur.

Il n'y a pas de bon chemin

Pendant une randonnée avec ma famille dans le paysage sauvage du mont Teton qui domine les montagnes Rocheuses, j'ai été particulièrement frappé par notre façon de marcher. À chaque pas, le pied doit se poser quelque part. En escaladant ou en descendant des amas de rochers, quand la déclivité s'accentue, les pistes se perdent et nos pieds doivent décider à la seconde près où et comment se poser, sous quel angle, quel poids y mettre, sur le talon ou l'avant du pied, à plat ou en torsion. Mes enfants ne posent jamais des questions du genre : « Papa, où est-ce que je pose mon pied ? Sur ce rocher-ci ou sur celui-là ? » Ils le font en trouvant tout naturellement leur chemin – ils choisissent l'endroit précis où poser le pied sans s'occuper de moi.

Cela m'enseigne que nos pieds trouvent leur chemin tout seuls. En observant ma progression, je suis étonné par le nombre des différents emplacements et positions de mon pied à chaque pas. Dans ce déroulement musculaire, le pied se dirige finalement dans une direction donnée avec tout mon poids dessus pendant un instant (ou moins de poids si la situation est difficile) pour lâcher prise pendant que l'autre pied se met en mouvement. Tout cela se passe pratiquement sans réfléchir, excepté aux endroits délicats où l'expérience entre en jeu. À ces moments-là, je viens parfois en aide à Serena, ma petite fille. Mais d'ordinaire, nous ne regardons pas nos pieds et ne pensons pas à chaque pas. Nous regardons la piste au-devant de nous, pendant que notre cerveau en absorbe les difficultés en une fraction de seconde. C'est ainsi que nos pieds s'adaptent automatiquement au terrain.

Cela ne veut pas dire qu'il n'y a pas de mauvaises façons de poser le pied. Il faut être vigilant et sentir la position juste. Ce sont les yeux et le cerveau qui, enregistrant rapidement les détails du terrain, transmettent les ordres au torse, aux bras, aux jambes et aux pieds de telle sorte que chaque pas, malgré l'encombrement des sacs à dos et des bottines, est un miracle d'équilibre en mouvement. La pleine conscience est à l'œuvre ici. L'escarpement du chemin y fait appel. Et même si nous suivons la piste une douzaine de fois, nous résoudrons différemment le problème de chaque pas. La marche à pied est un moyen idéal de dérouler chaque moment dans sa singularité.

Il s'agit du même principe dans la méditation. Il n'existe pas vraiment de « bonne » manière de pratiquer. Néanmoins, il peut y avoir de nombreuses embûches le long du chemin qu'il faut essayer d'éviter. Pour extraire la richesse potentielle de chaque moment, le mieux serait de l'aborder avec un esprit neuf. Après l'avoir examiné avec attention, nous le relâchons pour nous abandonner dans le moment suivant, et ainsi de suite. Ainsi, chaque moment sera nouveau, chaque respiration, un commencement, un lâcher-prise, un laisser-être. Tout comme pour la randonnée sur un terrain escarpé, il n'y a ni règles ni recettes. Bien sûr, il y a beaucoup à voir et à découvrir en chemin, mais rien ne peut être imposé, pas plus qu'on ne peut imposer à quelqu'un d'admirer la lumière dorée du soleil couchant sur un champ de blé ou la montagne au clair de lune. Durant des moments semblables, mieux vaut ne pas parler. Tout ce que l'on peut faire, c'est être soi-même pleinement conscient de l'intensité du moment, en espérant que les autres en apprécieront le silence. Les couchers de soleil et les montagnes s'expriment dans leur langage propre. Parfois, le silence laisse la nature s'exprimer.

De la même manière, dans la pratique de la méditation, mieux vaut se référer à sa propre expérience du moment présent sans trop se préoccuper si cela correspond à ce que l'on doit ressentir ou penser. Pourquoi ne pas faire confiance à votre expérience dans ce moment, tout comme vous faites confiance à vos pieds sur les rochers ? Si vous pratiquez cette confiance en vous-même face à votre insécurité et à votre désir habituel qu'une autorité quelconque bénisse votre expérience, vous découvrirez que quelque chose de profond survient le long du chemin.

Nos pieds et notre respiration nous apprennent à faire attention au moindre déplacement, à faire un pas avec pleine conscience, à nous sentir véritablement à l'aise à chaque moment, quel que soit le lieu où nos pieds nous portent, et enfin, à apprécier l'endroit où nous sommes. N'est-ce pas le don le plus précieux qui puisse nous être accordé ?

EXERCICE :

Prendre conscience pendant la méditation des questions qui nous viendraient à l'esprit : « Est-ce que je fais ça correctement ? », ou bien : « Est-ce que je devrais ressentir cela ? », ou encore : « Est-ce que cette sensation est correcte ? » Au lieu d'essayer de répondre à toutes ces questions, examinez plus profondément le moment présent. Développez votre conscience à ce moment-là. Soyez aussi attentif à ce moment qu'au rythme de votre respiration. Englobez tout le contexte. Pensez qu'en ce moment, précisément, « ça y est », quel que soit le « ça ». Considérez avec une profonde attention le « ça » du moment présent, tout en gardant la pleine conscience en activité et en laissant chaque moment s'enchaîner l'un après l'autre sans analyser, ni juger, ni condamner, ni douter ; simplement, observer, recevoir, s'ouvrir, laisser être, accepter. Maintenant. Seulement ce pas. Seulement ce moment.

Quelle est ma voie ?

Nous disons fréquemment à nos enfants qu'ils ne peuvent pas faire tout ce qui leur passe par la tête. Nous leur faisons même comprendre que c'est mal de le vouloir. Et quand ils demandent : « Pourquoi pas, Maman ? », « Pourquoi, Papa ? », à bout de patience, nous répondons : « Parce que c'est comme ça ! Tu comprendras quand tu seras plus grand. »

N'est-ce pas très injuste ? Nous, adultes, ne nous comportons-nous pas de la même manière que nos enfants ? Nous désirons aussi que les choses se passent comme nous le voulons, et le plus souvent possible. Quelle est la différence entre nos enfants et nous, à part que nous sommes plus hypocrites ? Et si nous pouvions satisfaire nos désirs, qu'arriverait-il ? Vous souvenez-vous de tous les ennuis qui s'abattent sur les héros des contes de fées quand un génie, un nain ou une sorcière leur proposent trois souhaits ?

Quand on leur demande son chemin, les habitants de l'État du Maine ont coutume de répondre :

« D'ici, on ne peut pas aller là-bas. » Si l'on se met sur le terrain de l'existence humaine, il serait peut-être plus exact de dire : « Vous n'arriverez là-bas que si vous êtes pleinement ici. » Combien d'entre nous sont conscients de cette ironie du destin ? Est-ce que nous reconnaîtrions notre chemin si on nous l'indiquait ? Est-ce que le fait d'arriver à nos fins résoudrait nos problèmes ou est-ce que de réaliser nos désirs suscités par des pulsions inconscientes ne compliquerait pas davantage notre vie ?

La question vraiment intéressante serait plutôt : « Quelle est précisément *ma* voie ? » Il est rare que nous contemplions notre vie en profondeur. Combien de fois nous posons-nous les questions aussi fondamentales que : « Qui suis-je ? », « Où allons-nous ? », « Suis-je sur le bon chemin ? », « Quel est mon désir, quelle est ma Voie ? », « Qu'est-ce que j'aime vraiment ? »

Réfléchir sur « Quelle est ma Voie ? » est un élément intéressant à introduire dans notre pratique de méditation. Nous n'avons pas besoin de fournir des réponses. D'ailleurs, il n'y en a pas une en particulier. Le mieux, c'est de ne pas y penser. Simplement, continuer à poser la question en laissant venir les réponses sans les retenir. Comme dans tout ce qui se rapporte à la méditation, nous ne faisons qu'observer, écouter, noter, laisser être, lâcher prise, tout en répétant la question : « Quelle est ma Voie ? », « Quel est mon chemin ? », « Qui suis-je ? »

Ici, le but est de rester disponible au *non-savoir*, jusqu'au point d'admettre « je ne sais pas », en faisant l'expérience d'accepter calmement cet état sans se culpabiliser. Après tout, en ce moment précis, c'est probablement une affirmation qui correspond à notre situation présente.

Une enquête de ce genre peut conduire à une ouverture, à une compréhension et à une nouvelle vision du monde. Au bout d'un certain temps, cette quête se nourrit de sa propre substance. Elle imprègne tous les pores de notre être et insuffle une vitalité nouvelle, une grâce vibrante dans la routine de notre existence quotidienne. Ce n'est plus nous qui la faisons, c'est elle qui nous « fait ». C'est une bonne manière de trouver le chemin le plus proche de notre cœur. Après tout, ce voyage, cette quête aventureuse, prendra d'autant plus une dimension héroïque que nous l'entreprendrons avec vigilance et enthousiasme. En tant qu'êtres humains, nous sommes les héros mythiques des contes de fées, de la légende du roi Arthur. Pour les femmes comme pour les hommes, ce voyage est une trajectoire entre la naissance et la mort, une vie vécue. Personne n'échappe à l'aventure. Simplement, nous la vivons différemment.

Pouvons-nous ressentir l'écoulement de notre propre vie ? Sommes-nous conscients du défi que nous impose notre humanité ? Recherchons-nous les occasions de nous prouver à nous-mêmes que nous sommes capables de les relever ? Que nous agissons selon notre vraie nature ? Que nous sommes capables de trouver notre Voie, et surtout de la mettre en pratique ?

La méditation de la montagne

Au cours de la pratique de la méditation, nous avons beaucoup à apprendre de la montagne. En effet, dans la plupart des cultures du monde, elle représente l'archétype du sacré. Les sages ont toujours recherché dans la solitude de la montagne un renouveau et une quête spirituelle. La montagne est le symbole de l'axe premier de la terre (le mont Meru), de la demeure des dieux (le mont Olympe), du lieu où Moïse rencontra Dieu et reçut ses commandements (le mont Sinaï). Les montagnes incarnent à la fois crainte et harmonie, dureté et majesté. Par leur simple présence, elles dominent tous les paysages de notre planète. Leur nature première est le roc. Dur comme le roc. Solide comme le roc. Du haut de la montagne, on a une vision panoramique à l'échelle de la terre, d'où l'on aperçoit l'enracinement fragile mais tenace de la vie. Les montagnes ont joué un rôle majeur tout au long de l'histoire et de la préhistoire. Pour les peuples traditionnels, les montagnes représentaient, et représentent encore, la mère, le père, le gardien, le protecteur et l'allié.

« Emprunter » ces qualités de l'archétype de la montagne peut nous aider dans la pratique de la méditation. Ainsi, nous pouvons nous en servir pour affermir le moment présent dans une pureté et une simplicité élémentaires. L'image de la montagne peut rafraîchir notre mémoire sur nos motivations à maintenir la posture assise et sur la signification de demeurer dans l'état du non-agir. La nature essentielle de la montagne est l'emblème d'une présence constante et immobile.

Pourvu que cela corresponde à notre perception du sens de la montagne, on peut pratiquer la méditation de la montagne avec différentes postures. Mais d'après mon expérience personnelle, je trouve que la position assise, par terre, en tailleur, est la plus efficace dans la mesure où je ressens mon corps comme une montagne, à l'extérieur comme à l'intérieur. Il n'est donc pas indispensable de méditer sur ou devant une montagne. C'est son image intérieure qui nous procure sa force.

Imaginez la plus belle montagne du monde dont la forme vous plaît particulièrement. Concentrez-vous sur l'image de cette montagne dans votre œil intérieur en observant sa structure, sa cime altière, ses fondations qui émergent de la roche, ses versants abrupts et ses flancs en pente douce. Remarquez l'immobilité de sa masse – sa beauté unique émanant de sa spécificité et incarnant en même temps les qualités universelles de sa forme.

Votre montagne aura peut-être de la neige sur son sommet et des arbres à sa base. Elle sera formée d'une seule cime proéminente, ou bien d'une série de cimes ou d'un haut plateau. Quelle que soit la forme qu'elle revête, tranquillement assis, respirez avec cette image de la montagne en vous, en observant ses attributs. Quand vous vous sentirez prêt, essayez de faire entrer la montagne dans votre corps, de manière que votre propre corps assis là et votre vision de la montagne ne fassent plus qu'un. Votre tête en devient la cime, vos épaules et vos bras les versants tandis que vos fesses et vos jambes repliées forment la base, solidement ancrée sur votre coussin ou votre chaise. Expérimentez à la base de votre colonne vertébrale la droiture et la sensation d'élévation de la montagne. Laissez un souffle régulier vous envahir, signifiant dans votre immobilité ce que vous êtes – au-delà des mots et des pensées – une présence centrée, enracinée et tranquille.

Vous avez tous remarqué comment la montagne est toujours là pendant que le soleil se déplace dans le ciel. Mais sur le fond immuable de la montagne, l'ombre et la lumière colorent ses flancs. Ces couleurs changeantes sont admirablement évoquées dans les chefs-d'œuvre de Claude Monet qui avait le génie de reproduire sur ses toiles le jeu subtil de la lumière qui transforme heure par heure la vie d'une cathédrale, d'une rivière ou d'une montagne. Au fur et à mesure que la lumière change, que la nuit succède au jour et le jour à la nuit, la montagne est toujours là, immuable malgré la succession des saisons et les assauts du climat. La permanence s'opposant au changement des apparences.

La neige ne subsiste pas l'été sur la crête des montagnes sauf sur quelques cimes ou crevasses abritées du soleil. À l'automne, la montagne déploie sur ses versants arborés les couleurs chaudes et brillantes des feuilles ; en hiver, un manteau de neige et de glace la recouvre. Parfois, des nuages bas ou un brouillard épais la voilent aux yeux des touristes déçus. La montagne impassible demeure inamovible malgré les tempêtes de neige et le tourbillon des vents furieux. Au printemps, les oiseaux se remettent à chanter, les bourgeons éclosent, les fleurs s'épanouissent dans les prairies verdoyantes. Mais la montagne, indifférente à ces changements des apparences, demeure.

En gardant cette image à l'esprit, nous pouvons incarner la même immobilité, le même enracinement face à tous les événements qui peuvent survenir au cours des minutes, des heures, des années de notre vie. Pendant notre pratique et notre existence quotidienne, nous éprouvons constamment la nature changeante de l'esprit et du corps ainsi que celle du monde extérieur. Nous traversons des périodes lumineuses ou des périodes sombres, des moments hauts en couleur comme des moments de lassitude morne. Ballottés par des vents violents, secoués par des tempêtes intérieures, nous endurons des périodes douloureuses tout comme nous savourons des moments de joie intense. Notre aspect physique, lui aussi, se modifie au gré des circonstances et de l'usure du temps, comme la montagne change au gré des saisons et des conditions climatiques.

En devenant « montagne » pendant la méditation, nous adoptons sa force et sa stabilité. Elle peut nous aider à voir que nos pensées et nos sensations, nos crises émotionnelles, bref les événements qui nous perturbent ressemblent aux assauts du mauvais temps. Nous avons tendance à en faire une affaire personnelle quand en réalité cela relève d'une causalité impersonnelle. Les tempêtes qui déferlent sur nos vies ne doivent pas être ignorées mais, au contraire, identifiées, ressenties, reconnues pour ce qu'elles sont car elles ont le pouvoir de nous détruire. Avec cette attitude intérieure, nous arriverons à éprouver face à la tempête un calme, un silence et une sagesse dont nous ne nous serions jamais crus capables. Voilà ce que les montagnes ont à nous apprendre si nous savons écouter.

Cependant, la méditation de la montagne n'est, en fin de compte, qu'un support destiné à nous venir en aide. Après l'avoir contemplée, c'est à nous de faire le premier pas et de poursuivre notre chemin. Les êtres humains sont bien plus complexes et plus intéressants que les montagnes ! Nous sommes des montagnes en mouvement qui respirent et qui dansent. Nous avons à la fois la capacité d'être aussi fermes que le roc et d'avoir la fluidité de l'eau. Nous disposons d'un potentiel immense. Nous pouvons voir et sentir. Nous pouvons comprendre et savoir. Nous pouvons apprendre, grandir et surtout nous pouvons guérir si nous apprenons à entendre l'harmonie intérieure des choses et à garder l'axe central de la montagne malgré les intempéries et les circonstances extérieures.

*

« Les oiseaux ont disparu dans le ciel,
Le dernier nuage s'est évanoui.
Nous sommes assis ensemble,
La montagne et moi,
Jusqu'à ce que, seule, la montagne demeure. »

Li Po

EXERCICE :

Gardez à l'esprit l'image de la montagne pendant que vous pratiquez la méditation assise. Explorez sa capacité de vous aider à demeurer dans le calme ; à rester assis pendant des périodes de plus en plus longues, face aux difficultés quotidiennes, au tumulte ou à la morosité de vos pensées. Demandez-vous ce que cette pratique vous apporte. Vous apercevez-vous de transformations subtiles dans votre attitude vis-à-vis des changements imprévus qui surviennent dans votre vie ? Pouvez-vous vivre chaque jour avec cette vision intérieure de la montagne ? Voyez-vous la montagne chez les autres ? Acceptez-vous les formes qui leur sont propres, chaque montagne étant unique ?

La méditation du lac

L'image de la montagne est loin d'être la seule parmi les nombreux supports qui rendent notre pratique plus vivante et plus vraie. Nous pouvons également utiliser les images des arbres, des rivières, des nuages, du ciel. L'image en elle-même n'est pas essentielle, mais elle peut approfondir et élargir notre point de vue sur la pratique.

Pour certaines personnes, l'image d'un lac est très positive. Cette image est particulièrement adaptée à la posture allongée parce qu'il s'agit d'une étendue d'eau. On peut cependant aussi bien la pratiquer en position assise. Nous savons que l'élément eau est aussi fondamental que le roc et même que sa nature est plus forte que le roc car l'eau polit et attaque la roche. L'eau possède aussi la qualité merveilleuse de la réceptivité. Elle se sépare pour laisser entrer qui veut, puis se referme. Si l'on frappe la roche avec un marteau, en dépit de sa dureté ou peut-être à cause d'elle, elle s'effritera et se fendra en plusieurs fragments. Mais quand vous frappez l'eau avec un marteau, tout ce que vous obtiendrez, c'est un marteau rouillé... C'est révélateur du pouvoir de l'eau.

Pour pratiquer la méditation du lac, imaginez une large étendue d'eau contenue dans la terre. Notez dans votre vision intérieure et dans votre cœur que l'eau se plaît dans les endroits creux. Elle recherche son niveau et demande à être contenue. Votre lac pourra être profond ou non, bleu ou vert, transparent ou rempli de vase. Tel un miroir, il reflète les arbres, les rochers, le ciel et les nuages. Parfois, le vent se lève sur le lac, formant des vagues, petites ou grosses. Les reflets se brouillent alors et les rayons du soleil étincellent de mille feux sur les crêtes des vagues. Quand la nuit tombe, c'est au tour de la lune de danser sur le lac, ou, si la surface est calme, de s'y refléter avec les ombres et les silhouettes des arbres. En hiver, sous la surface gelée du lac, la vie continue, cependant.

Quand vous aurez établi l'image d'un lac dans votre œil intérieur, laissez-vous aller, étendu sur le dos ou assis en méditation, à ne faire qu'un avec le lac. Tout comme les eaux du lac sont retenues par le bassin réceptif creusé dans la terre, vos énergies sont portées par votre prise de conscience et votre compassion envers vous-même. Respirer avec le lac, moment après moment, ressentant son corps comme le vôtre, accepter que votre esprit et votre cœur s'ouvrent et reflètent tout ce qui se présente. Faire l'expérience des moments de quiétude absolue pendant lesquels la réflexion et l'eau sont parfaitement calmes, et d'autres moments quand la surface de l'eau est agitée, perturbant les reflets et la clarté du lac pendant un certain temps.

Continuer la méditation en observant le jeu des différentes énergies en vous : les pensées fugaces, les sensations éphémères, les impulsions qui vont et viennent comme les ondes ricochent sur le lac au gré du vent, des vagues, l'ombre et la lumière. Respirer les odeurs, regarder les couleurs changeantes.

Est-ce que vos pensées et vos sensations troublent la surface du lac ? Est-ce que le clapotis de l'eau remuante représente pour vous l'un des aspects essentiels d'un lac ? Pouvez-vous vous identifier non seulement avec la surface mais au-dessous, avec toute la *masse* de l'eau ? Vous n'éprouvez au fond que de faibles ondulations même quand la surface du lac est agitée au point de paraître blanche comme l'écume.

De la même manière, dans votre pratique et votre vie de tous les jours, vous vous identifierez non seulement avec le contenu de vos pensées et de vos sentiments mais aussi avec le vaste réservoir inconscient sous la surface de l'esprit conscient. Dans la méditation du lac, nous avons l'intention d'être conscients et d'accepter tous les attributs de l'esprit et du corps, tout comme le lac reflète le soleil et la lune, les arbres, les rochers, le ciel et les nuages, les oiseaux, tout un environnement caressé par l'air et la lumière qui mettent en valeur le scintillement de l'eau, sa vitalité, son essence même.

*

« Par une journée semblable, en septembre ou en octobre, Walden est le parfait miroir de la forêt, serti de pierres aussi précieuses à mes yeux que si elles étaient moins nombreuses ou plus rares. Peut-être rien d'aussi beau, d'aussi pur, et d'aussi grand qu'un lac, ne repose sur la surface de la terre. Eau du ciel. Elle n'a pas besoin de barrières. Les nations vont et viennent sans la souiller. Miroir qu'aucune pierre ne peut briser, dont le vif-argent ne s'effacera jamais, dont la nature répare continuellement la dorure. Aucun orage, aucune poussière ne peut ternir sa surface toujours limpide – un miroir dans lequel disparaît toute impureté qui se présente, balayée, époussetée par les rayons du soleil voilé – léger chiffon que celui-là, qui ne retient aucun souffle mais qui exhale le sien, flottant comme un nuage, pour se refléter encore en son sein. »

THOREAU, *Walden*.

EXERCICE :

Servez-vous de l'image du lac pour méditer dans le calme, assis ou étendu, sans aller nulle part, porté et bercé dans la conscience du moment. Observez ce que l'esprit reflète. Observez le calme sous la surface de l'eau. Est-ce que cette image vous suggère d'autres manières de vous comporter en période de crise ?

Méditer en marchant

« La paix est dans chaque pas. »

THICH NHAT HANH

J'ai connu des gens qui ont beaucoup de mal à méditer en pratiquant la posture assise mais qui, par la suite, se sont profondément impliqués dans une méditation en marchant. La plupart d'entre nous ne peuvent tenir la position assise pendant longtemps. Pour certaines personnes, il est virtuellement impossible de rester assis et concentré tout en éprouvant des sentiments de douleur, d'agitation ou de colère. En revanche, elles peuvent marcher avec ces états d'âme.

Dans les structures monastiques traditionnelles, des périodes de méditation en mouvement alternent avec les postures assises. Il s'agit de la même pratique. Les postures en mouvement sont aussi valables que la position assise. Ce qui compte, c'est l'attitude mentale.

Dans la méditation en mouvement, on se concentre sur la marche. Nous pouvons nous focaliser sur le pas, ou sur une décomposition du mouvement tels le changement de poids, le déplacement et le placement du pied, ou encore sur le mouvement de tout le corps. On peut également coordonner la conscience de la marche avec celle de la respiration.

Dans la méditation en marchant, on ne marche pas pour arriver quelque part. Habituellement, il s'agit d'aller et venir dans une sorte de rectangle ou de tourner en rond dans un grand cercle. Littéralement, il est plus facile d'être où l'on est quand on n'a nulle part où aller. Est-il besoin d'aller ailleurs quand c'est partout pareil ? Le défi réside dans la question suivante : pouvons-nous réellement coïncider avec *ce* pas, avec *cette* respiration ?

La méditation en marchant peut se pratiquer à n'importe quelle allure, du très lent au très rapide. La pratique consiste à sentir chaque pas comme il vient, en étant pleinement présent. Cela veut dire sentir toutes les étapes de la marche – dans les pieds, les jambes, la démarche, le port de la tête – moment après moment, et particulièrement pas à pas. Cela implique d'observer intérieurement sa démarche, sans regarder ses pieds, bien sûr !

Tout comme pour la méditation assise, des distractions surviendront pour détourner notre attention. Il nous faudra travailler avec ces perceptions, ces pensées, ces pulsions comme nous le faisons dans la méditation assise. Finalement, la marche, c'est la quiétude en mouvement, le flux de la pleine conscience.

Il est préférable de pratiquer la méditation traditionnelle en marchant dans un endroit à l'abri des regards, surtout si vous marchez lentement. Votre salon, un champ ou une clairière dans les bois sont des lieux favorables à cette forme de méditation. Une plage déserte fera également l'affaire. Vous pouvez aussi pousser un Caddie au supermarché en marchant aussi lentement que vous le désirez...

En revanche, la pratique informelle de la méditation peut se faire n'importe où car il s'agit simplement de marcher normalement. Vous pouvez marcher avec pleine conscience dans la rue, le long d'un couloir, en promenant vos enfants ou votre chien. L'essentiel est de vous souvenir que vous êtes là, dans votre corps, à chaque moment, à chaque pas. Lorsque vous vous apercevez que vous pressez le pas, ralentir délibérément peut atténuer votre sentiment d'impatience en vous rappelant que vous êtes ici, maintenant, et que quand vous arriverez là, vous serez tout simplement là ! Si vous ratez les *ici*, il y a des chances que vous ratiez aussi les moments du *là*. Si votre esprit n'est pas centré *ici*, il ne sera pas centré *là* non plus.

EXERCICE :

Essayez d'être conscient en marchant, où que vous alliez. Ralentissez un peu. Centrez-vous dans votre corps et dans le moment présent. Appréciez le fait que vous êtes capable de marcher, ce qui n'est pas donné à tout le monde. Percevez l'étendue de ce miracle et ne prenez pas pour argent comptant le fait que votre corps fonctionne si harmonieusement. Sachez que vous déambulez, droit sur la face de la Terre nourricière. Marchez avec dignité et confiance. Comme disent les Navajos, marchez en beauté, où que vous soyez.

Essayez de marcher avec une certaine forme. Avant ou après la posture assise, expérimentez une période de méditation en marchant. Dix minutes, c'est bien. Une demi-heure, c'est encore mieux. Mais il faut se souvenir encore une fois que le temps chronologique n'est pas en question ici. Vous apprendrez beaucoup de votre méditation en mouvement si vous la continuez après les premiers pas.

Méditer debout

Ce sont les arbres qui peuvent le mieux nous apprendre à méditer debout. Tenez-vous debout face à un arbre, ou mieux encore au milieu d'un groupe d'arbres et regardez-en un fixement. Sentez vos pieds s'enraciner dans la terre. Sentez votre corps se balancer lentement comme les branches sont bercées par le vent. Immobile, conscient de votre souffle, les yeux mi-clos, absorbez ce qui est devant vous et autour de vous. Sentez la présence de l'arbre le plus proche. Écoutez-le, touchez-le avec votre esprit et avec votre corps.

Servez-vous de votre respiration pour rester dans le moment présent... sentant votre corps debout, respirant, vivant, moment après moment.

Quand l'esprit et le corps vous signalent qu'il est peut-être temps de partir, restez debout sur place, encore quelques instants, vous souvenant que les arbres restent debout, immobiles, pendant des années et même, quand ils ont de la chance, pendant des siècles. Demandez-vous si les arbres n'ont pas quelque chose à nous enseigner au sujet de la quiétude et de l'enracinement. Plantés dans le sol par leurs racines, ils sont en contact avec l'air par leur tronc et leurs branches, avec le soleil et le vent, par leurs feuilles. L'arbre est en contact avec tous les éléments. Faites l'expérience de vous tenir debout de cette manière, pendant des périodes de temps très courtes au début. Essayez de sentir l'air sur votre peau, vos pieds plantés sur le sol ; écoutez les bruits du monde autour de vous, la danse de l'ombre et de la lumière, la danse de l'esprit.

EXERCICE :

Tenez-vous debout, planté là, comme un arbre, où que vous vous trouviez : dans la forêt, sur une montagne, auprès d'une rivière, dans votre maison, ou même à l'arrêt d'autobus.

Quand vous êtes seul, vous pourriez vous exercer à ouvrir vos mains vers le ciel en tendant vos bras en diverses positions, comme les branches et les feuilles d'un arbre, disponibles, ouverts, réceptifs, patients.

Méditer couché

La position couchée est une façon idéale de méditer si l'on peut rester éveillé. Et même si vous vous endormez, votre sommeil n'en sera que plus reposant. Vous pourrez vous réveiller au milieu de votre méditation en prenant pleinement conscience de ces premiers moments d'éveil.

Quand le corps est allongé en position de repos, on peut le relâcher plus facilement que dans les autres postures. Le corps peut s'enfoncer dans le matelas, s'abandonner sur le tapis ou sur le sol jusqu'à ce que tous les muscles lâchent prise. Le cerveau, si nous le maintenons attentif et ouvert, suivra ce lâcher-prise à un niveau très profond, celui des neurones. Il est donc très bénéfique de pouvoir utiliser notre corps dans sa globalité, comme sujet de méditation couchée. Nous pouvons sentir notre corps de la tête aux pieds, respirant, irradiant de la chaleur sur toute la peau. C'est le corps entier qui respire, qui vit. En ayant pleine conscience de la totalité de notre corps, nous sommes capables de sentir notre être et notre énergie vitale en nous rappelant que nous ne sommes pas seulement des êtres pensants et désincarnés.

En pratiquant la méditation dans la position couchée, on peut également se focaliser de façon systématique sur certaines parties du corps. Dans notre travail clinique, nous introduisons nos patients à la méditation couchée sous la forme d'un *scanner mental* du corps. Il s'agit simplement de ressentir différentes parties du corps, en lâchant prise ensuite. Il est plus facile de faire ce scanner du corps en étant couché, que de maintenir la posture assise pendant quarante-cinq minutes. Cette méditation, sous la forme de scanner mental, est systématique dans la mesure où nous explorons les différentes régions du corps selon un ordre défini. Mais il existe plusieurs manières de faire, par exemple des pieds à la tête, ou inversement, ou latéralement.

L'une des façons les plus courantes de pratiquer cette méditation est de diriger son souffle à l'intérieur, puis à l'extérieur des différentes parties du corps, comme si l'on inspirait l'air dans le genou ou l'oreille ou les doigts de pied, et on l'expire ensuite. Quand vous vous sentez suffisamment prêt, vous inspirez en vous concentrant sur une région de votre corps, puis en expirant, vous lâchez prise, permettant ainsi à cette partie du corps de se dissoudre dans votre œil intérieur en même temps que les muscles se relâchent et que vous vous recueillez dans l'immobilité, avant de reprendre votre inspiration et d'explorer une autre région du corps. Autant que possible, respirez par le nez.

On n'est pas obligé de pratiquer la méditation couchée uniquement par le système du « scanner mental ». Nous pouvons également nous concentrer sur une certaine partie du corps qui affleure à la conscience peut-être parce qu'elle nous cause une douleur ou une certaine gêne. Pénétrer dans ces régions avec disponibilité, attention et acceptation peut favoriser une guérison, au moins un soulagement, si l'on pratique régulièrement. Ce processus nourrit en profondeur les tissus et les cellules, tout comme la psyché et l'esprit, le corps et l'âme ne faisant qu'un.

La méditation couchée est aussi un bon moyen d'entrer en contact avec notre corps émotionnel. Nous possédons un cœur symbolique tout comme nous avons notre cœur physique. En nous focalisant sur la région du cœur, ça peut être utile de se mettre à l'écoute des sensations de blocage, de lourdeur au niveau de la poitrine en prenant conscience des sentiments de tristesse, de détresse, de solitude, de désespoir ou de rage qui se dissimulent sous la surface de ces sensations physiques. Dans notre culture, le langage exprime que le cœur est le support de notre vie affective par des expressions comme « avoir le cœur brisé », ou « avoir le cœur dur » ou encore « avoir le cœur lourd ». Mais le cœur est aussi le siège de l'amour, de la joie, de la compassion, des émotions qui méritent toute notre attention et notre dévotion au fur et à mesure que nous les découvrons.

Certaines pratiques spécifiques de méditation traditionnelle, telles que celle de « la bonté aimante », sont spécialement destinées à cultiver en soi-même des états particuliers qui ouvrent et accroissent le cœur symbolique. L'acceptation de soi et des autres, le pardon, la bonté aimante, la générosité et la confiance sont fortifiés par cette concentration et cette attention sur la région du cœur. Évoquer de tels sentiments fait partie de la pratique de la méditation traditionnelle. On peut aussi les cultiver en les identifiant quand ils surviennent spontanément au cours de la pratique et en les considérant avec attention.

D'autres régions du corps ont aussi un sens symbolique qui peut être exploré à travers la méditation, couchée ou non, avec la même intensité de conscience. Le plexus solaire, par exemple, possède une qualité radieuse qui peut nous aider à sentir notre centre, grâce à sa position au centre de gravité de notre corps et en tant que centre vital commandant la digestion. La gorge vocalise nos émotions; elle peut être contractée ou décontractée. On dit qu'on a « la gorge serrée » quand l'angoisse nous envahit, même si le cœur est ouvert. Lorsque nous concentrons la pleine conscience au niveau de la gorge, cela peut modifier le volume de la voix et en améliorer le timbre et ses caractéristiques – de rapide, rauque, dure, la rendre douce, sensible et mélodieuse.

À chaque région du corps correspond une signification symbolique, à un niveau profondément enfoui dans le corps émotionnel, dont nous ne sommes même pas conscients. Pour continuer à nous développer spirituellement, il est nécessaire de stimuler notre corps émotionnel, d'être à son écoute. La méditation couchée peut être très utile à condition que nous soyons prêts à suivre nos intuitions, lorsque nous nous levons. Autrefois, nos cultures, nos mythologies, nos rituels aidaient à activer le corps sur le plan symbolique et émotionnel en reconnaissant sa vitalité et son impermanence. Ces rituels étaient habituellement accomplis dans des initiations homosexuelles, organisées par un groupe d'anciens dont la fonction était d'éduquer les adolescents de la tribu jusqu'à ce qu'ils atteignent l'âge adulte. Aujourd'hui, l'importance du développement du corps émotionnel est à peine reconnue. Hommes ou femmes sont livrés à eux-mêmes pour passer à l'âge adulte. Nos parents et nos grands-parents sont devenus tellement aliénés de leur nature originelle qu'ils ont perdu ce savoir collectif par lequel les anciens éveillaient la vie émotionnelle et la vitalité de leurs enfants. Le travail de la pleine conscience peut contribuer à éveiller cette sagesse traditionnelle en nous-mêmes, comme chez les autres.

Nous passons tellement de temps couchés dans notre vie, que la méditation couchée procure une entrée facilement accessible à un autre état de conscience. Au moment de se réveiller le matin, ou pendant la sieste, le fait d'être allongé nous invite à cette méditation couchée. Un certain état de conscience et d'accueil remplit notre corps et nous induit à écouter, à entendre, à grandir, à lâcher prise, à laisser être...

EXERCICE :

Se concentrer sur la respiration dans la position couchée. Sentir le souffle dans tout le corps. Rester avec le souffle dans différentes parties du corps, telles que les pieds, les jambes, le bassin, les organes sexuels, le ventre, la poitrine, le dos, les épaules, les bras, la gorge et le cou, la tête, le visage, le haut de la tête. Soyez à l'écoute de votre corps. Ressentez tout ce qui se présente. Observez les sensations qui s'écoulent et qui se transforment.

Faites l'expérience de pratiquer la méditation couchée en dehors des périodes de repos habituelles. Faites-la par terre, à des heures différentes de la journée. Essayez dans les champs, sous les arbres, sous la pluie, sur la neige.

Être particulièrement conscient de son corps au moment de s'endormir et de se réveiller. Pendant quelques minutes, s'étirer de tout son long, sur le dos, et sentir tout son corps respirer. Prêtez une attention particulière aux régions du corps qui vous posent problème en y insufflant votre souffle afin de les ramener dans la totalité de votre corps. Gardez à l'esprit votre corps émotionnel. Appréciez les sensations qui viennent des « tripes ».

Se coucher par terre au moins une fois par jour

On ressent une impression particulière d'arrêt du temps en s'allongeant par terre pour pratiquer le scanner mental de la méditation couchée, ou pour étirer doucement mais fermement son corps au bout de ses limites, comme on le fait dans le hatha-yoga. Le simple fait de se trouver au niveau du sol tend à clarifier les pensées. C'est une position si peu commune que cela rompt le modèle neurologique habituel et nous permet ainsi de pénétrer dans le moment présent par ce que nous nommerons la « porte du corps ».

Dans la pratique du yoga, le but est d'être totalement dans son corps en étant conscient des diverses sensations et pensées qui surviennent pendant que l'on s'étire, que l'on respire, que l'on maintient les différentes postures des bras, des jambes et du torse. Il y aurait plus de quatre-vingt mille postures fondamentales. On a donc le choix... Pourtant je me sers toujours d'une vingtaine des mêmes postures qui, au fil des ans, m'entraînent toujours plus profondément dans mon corps et dans la tranquillité de l'esprit.

Le yoga harmonise mouvement et immobilité. C'est une pratique très enrichissante. Tout comme dans les autres formes de pratique de la pleine conscience, on n'essaie pas d'arriver quelque part. En revanche, on exerce les extrêmes limites de son corps dans le moment présent. On explore un terrain où cohabitent des sensations intenses associées aux placements inhabituels dans l'espace des quatre membres, du torse et de la tête. On demeure immobile – plus longtemps qu'une partie de son mental ne le désirerait – en respirant, en sentant son corps. On n'essaie pas de battre un record ni d'entrer en compétition avec quelqu'un d'autre. On ne juge pas la performance de son corps. On demeure seulement dans le calme, malgré les sensations d'inconfort ou même de douleur physique (qui devraient rester légères si l'on n'a pas dépassé ses limites) en goûtant l'épanouissement de ces moments.

Tout de même, pour le pratiquant assidu, il est impossible de ne pas remarquer que le corps s'attache à cette discipline et évolue naturellement. Dans la pratique du yoga, il existe la perception d'un devenir, tandis qu'étendu sur le sol le corps se sent simplement « tel qu'il est maintenant », s'étirant, se laissant aller. Sans rien forcer, nous essayons de faire coïncider l'esprit, le corps et le sol, de ne pas perdre contact avec le monde qui nous entoure.

Exercice :

S'allonger par terre une fois par jour, au minimum trois à quatre minutes, en étirant consciencieusement son corps. Rester en contact avec sa respiration et avec ce que le corps nous dit. Se souvenir qu'il s'agit de son propre corps, ici et maintenant. Contrôler si l'on est vraiment en contact avec lui.

Ne pas pratiquer, c'est pratiquer

Parfois, il m'arrive de souligner que ne pas faire de yoga pendant un certain temps équivaut à faire du yoga. Pourtant, il ne faudrait pas s'imaginer qu'il suffise de ne rien faire. Chaque fois que vous recommencez à faire du yoga, vous en remarquerez les effets positifs. Donc, dans un sens, vous apprenez plus en recommençant que si vous aviez continué à pratiquer sans interruption.

Bien sûr, cela ne vaut que si vous êtes conscient des sensations de votre corps : combien il est dur de tenir la posture, combien le mental devient impatient, combien il résiste à se fixer sur le souffle. Il est facile d'observer ces choses quand on se trouve par terre, sur le dos, en train d'essayer de faire toucher sa tête à un genou. Mais c'est beaucoup plus difficile quand il s'agit de la vie quotidienne. Pourtant, on devrait y appliquer le même principe. Le yoga et la vie sont deux manières différentes de dire la même chose. Oublier ou négliger d'être pleinement conscient peut nous en apprendre davantage que d'être conscient tout le temps. Heureusement, la plupart d'entre nous n'ont pas à s'en faire à ce propos, car nos tendances à l'insouciance sont très prononcées. La vision intérieure naît avec le retour à la pleine conscience.

EXERCICE :

Observez vos différentes manières de réagir au stress quand vous pratiquez soit une méditation quotidienne, soit du yoga, ou que vous ne pratiquez pas du tout. Voyez si vous devenez conscient des conséquences de vos comportements inattentifs et automatiques, surtout quand ils sont provoqués par des conflits au travail ou à la maison. Comment vous sentez-vous dans votre corps pendant ces périodes quand vous pratiquez ou, au contraire, quand vous ne pratiquez pas ? Qu'advient-il de votre engagement vis-à-vis du non-agir ? Comment est-ce que le manque de régularité dans la pratique réagit sur votre angoisse, sur le temps qui passe et certains de vos échecs ? Comment cela vous affecte-t-il sur le plan relationnel ? D'où proviennent vos habitudes les plus inconscientes ? Qu'est-ce qui les déclenche ? Êtes-vous prêt à en être pleinement conscient quand les angoisses vous prennent à la gorge, quelle que soit votre assiduité à la méditation cette semaine ? Vous rendez-vous compte que la non-pratique est une pratique ardue ?

Méditation de compassion

« Aucun homme n'est une île, une entité en soi ;
Chaque homme fait partie du continent, fait partie du tout.
Si une motte de terre est emportée par la mer,
L'Europe est diminuée d'autant, comme le serait une presqu'île,
Ou un manoir qui appartiendrait à tes amis ou à toi-même ;
La mort d'un homme me diminue parce que j'appartiens au genre humain ;
En conséquence, ne t'enquiers jamais pour qui sonne le glas ;
Il sonne pour toi. »

JOHN DONNE, *Méditations*, XVII.

Les peines des uns et des autres nous touchent car nous sommes reliés les uns aux autres. Nous sommes des individus à part entière qui faisons partie d'un tout. Ainsi, en nous transformant nous-mêmes, nous pouvons changer le monde. Lorsque je deviens en ce moment même un centre d'amour et de bonté, d'une façon infinitésimale mais pas anodine, le monde possède un noyau d'amour et de bonté qu'il n'avait pas auparavant. C'est aussi bénéfique pour moi que pour les autres.

Vous avez peut-être remarqué que vous n'êtes pas toujours un centre d'amour et de bonté, même envers vous-même. En fait, notre société paraît souffrir d'un manque chronique d'amour-propre. Durant une rencontre avec le Dalaï-Lama, à Dharamsala en 1990, celui-ci parut surpris quand un psychologue occidental mentionna notre manque d'amour-propre. Il se fit traduire plusieurs fois la phrase en tibétain bien que son anglais fût excellent. Il ne pouvait saisir cette notion et quand il eut finalement compris, il sembla très attristé que tant de gens en Amérique se tiennent en si peu d'estime.

De tels sentiments sont virtuellement inconnus des Tibétains. Ils souffrent des problèmes sévères que rencontrent la plupart des réfugiés qui fuient l'oppression dans tout le tiers-monde, mais l'absence d'amour-propre n'en fait pas partie. Qui sait, cependant, ce qu'il adviendra aux générations futures au contact de ce que nous nommons ironiquement « le monde développé » ? Peut-être sommes-nous extérieurement sur-développés et intérieurement sous-développés ? Peut-être est-ce nous qui vivons dans la pauvreté, malgré toutes nos richesses ?

Il est possible de remédier à cette pauvreté intérieure par la méditation de la bonté aimante. Comme toujours, commençons par nous-mêmes. Êtes-vous capable d'activer dans votre propre cœur un sentiment de bonté, d'acceptation de soi, de tendresse ? Il vous faudra répéter mille fois cette tentative, tout comme vous focalisez sans cesse votre concentration sur la respiration, dans la pratique de la méditation assise. L'esprit opposera des résistances sérieuses, car nos blessures sont profondes. Mais cela vaut la peine d'essayer de vous accepter et de vous réconforter par un amour disponible et inconditionnel comme une mère bercerait dans ses bras son enfant effrayé. Vous sentez-vous capable de cultiver le pardon envers vous-même et envers les autres ? Pourriez-vous être heureux pendant ce moment ? Vous donnez-vous seulement la permission du bonheur ?

La méditation de la bonté aimante se déroule de la manière suivante – mais ne confondez pas les paroles avec la pratique ! Les mots ne sont que des panneaux qui indiquent la route.

Commencez par vous centrer dans votre posture et votre souffle. Ensuite, du fond de votre cœur ou de vos tripes, suscitez des sensations ou des images irradiant bonté et amour jusqu'à envahir tout votre être. Laissez-vous bercer par votre propre conscience comme si vous méritiez la bonté aimante que l'on donne à son enfant. Que votre conscience incarne une énergie bienfaisante, maternelle et paternelle, aimante, qui vous reconnaisse et vous materne en ce moment présent, avec une bonté dont vous avez dû manquer durant votre enfance. Laissez-vous aller à cette énergie de la bonté aimante, l'inspirant et l'expirant, comme si un tube de perfusion vous fournissait enfin la nourriture dont vous avez tant besoin.

Accueillez en vous des sentiments de paix et d'acceptation. Certaines personnes trouvent utile de se répéter de temps en temps des paroles du genre : « Que je sois délivré de l'ignorance. Que je sois délivré de l'avidité et de la haine. Que je ne souffre plus. Que je sois heureux ! » Ces paroles ne servent qu'à évoquer des sentiments de bonté aimante. Elles expriment l'intention d'être libéré, en ce moment précis au moins, des problèmes que nous nous créons le plus souvent par peur et par distraction.

Une fois que vous avez établi en vous-même un centre de bonté et d'amour qui irradie toute votre personne – ce qui implique que vous vous acceptez avec une bonté aimante – vous avez la possibilité de demeurer là indéfiniment, buvant à cette fontaine, vous y baignant, vous revigorant à son contact. Cette pratique a le pouvoir de guérir le corps et l'âme.

Vous pouvez aussi aller plus loin dans cette pratique. Vous pouvez laisser la bonté aimante qui est au centre de votre être rayonner à l'extérieur et la diriger à votre guise. En premier lieu, vers les membres de votre famille. Si vous avez des enfants, fixez-les de votre œil intérieur et dans votre cœur ; en visualisant leur être essentiel, souhaitez-leur du bien afin qu'ils ne souffrent pas inutilement, qu'ils trouvent leur voie en ce monde, qu'ils fassent l'expérience de l'amour et de l'acceptation de la vie. Ensuite, en poursuivant la méditation, vous incluez votre associé, votre conjoint, vos frères et sœurs, vos parents…

Justement, vous pouvez diriger la bonté aimante vers vos parents, qu'ils soient vivants ou morts, en leur voulant du bien, en souhaitant qu'ils ne se sentent pas seuls ou souffrants, en leur rendant hommage. Si vous vous en sentez capable et que cela vous semble bénéfique et libérateur pour vous, faites une place dans votre cœur d'où vous leur pardonnerez leurs préjugés, leurs peurs, leurs mauvaises actions et le mal qu'ils vous ont fait. Souvenez-vous du vers de Yeats : « Et comment pouvait-elle faire autrement, étant donné ce qu'elle est ? »

Et cela ne s'arrête pas forcément là. Vous pouvez émettre la bonté aimante vers n'importe qui, vers des personnes que vous connaissez aussi bien que vers des inconnus. Vous en bénéficierez autant qu'eux car cette pratique affine et accroît votre personnalité affective d'autant plus que vous aurez dirigé la bonté aimante sur des gens qui vous ont donné du fil à retordre, que vous n'aimez pas, qui vous dégoûtent, même, qui vous ont menacé ou qui vous ont fait du mal. Vous pouvez également diriger la bonté aimante sur des groupes de gens – vers les opprimés, vers les victimes de la violence, de la haine, de la guerre – en comprenant qu'ils ne sont pas différents de vous, qu'ils ont aussi des êtres chers, des aspirations et des besoins matériels. Et enfin, vous pouvez étendre la bonté aimante à la planète entière, à sa gloire et à ses souffrances secrètes, à l'environnement, aux fleuves et aux rivières, à l'air, à l'océan, aux forêts, aux plantes et aux animaux, collectivement ou individuellement.

Il n'y a pas de limites à la pratique de la bonté aimante, que ce soit dans la méditation ou dans la vie. Il s'agit d'un processus continu et exponentiel de l'interrelation entre les êtres. Lorsque vous aimez un arbre, une fleur, un chien, un lieu, une personne ou vous-même pendant un moment, vous retrouvez tous les êtres, tous les lieux, toutes les souffrances, toute l'harmonie du monde dans ce moment particulier. Pratiquer de cette manière ne signifie pas que l'on essaie de changer quelque chose ou d'arriver quelque part, bien que cela y ressemble, superficiellement. Cette pratique ne fait que dévoiler ce qui est toujours présent. L'amour et la bonté sont toujours là, quelque part ; en fait, ils sont partout. D'ordinaire, notre capacité à les toucher et à être touchés par eux est enfouie sous nos peurs et nos blessures, sous notre cupidité et notre haine, sous notre croyance désespérée en l'illusion que nous sommes séparés et seuls.

En invoquant de semblables sentiments dans notre pratique, nous repoussons les limites de notre propre ignorance, tout comme dans le yoga, nous étirons nos membres contre la résistance des muscles, des ligaments et des tendons. Ainsi dans cet étirement, si douloureux qu'il soit parfois, nous nous développons, nous grandissons, nous nous transformons, nous transformons le monde.

*

« La compassion est ma religion. »

LE DALAÏ-LAMA

EXERCICE :

Arrivez à des sensations de bonté aimante à un point quelconque de votre pratique de méditation. Examinez attentivement les objections que vous pourriez opposer à cette pratique ou les raisons pour lesquelles vous vous considérez comme impossible à aimer ou à être accepté. Considérez tout cela comme « trop de pensée ». Expérimentez la sensation de vous laisser aller à la chaleur et à l'accueil de la bonté aimante comme si vous étiez un enfant bercé dans les bras aimants d'une mère ou d'un père. Ensuite, jouez avec l'idée d'émettre cette sensation vers les autres, vers le monde extérieur. Cette pratique est sans limites, mais comme toutes les pratiques, elle gagne à être constamment cultivée comme des plantes dans un jardin amoureusement entretenu. Soyez attentif à ne pas essayer d'aider quelqu'un ou la planète entière. Plutôt, tenez-les dans votre champ de conscience en les respectant, en leur voulant du bien, en vous ouvrant à leur souffrance avec bonté, compassion et acceptation.

Si, au cours de ce processus, vous sentez que cette pratique demande que vous agissiez différemment dans la vie quotidienne, alors laissez vos actions incarner aussi la bonté aimante et la pleine conscience.

Troisième partie

Dans l'esprit de la pleine conscience

« Nous sommes tous les élèves du même maître :
la réalité, avec laquelle les institutions religieuses
ont travaillé, à l'origine.
La réalité intuitive nous dit... Maîtrise les
vingt-quatre heures. Fais-le bien, sans te plaindre.
Il est aussi difficile de rassembler les enfants
jusqu'à l'arrêt du car qui les conduit à l'école
que de chanter des sutras au temple bouddhiste
dans le froid du petit matin.
Les deux actions se valent. Elles sont également
ennuyeuses et possèdent toutes deux la vertu
de la répétition.
Répétition et rituel, ainsi que leurs résultats satisfaisants assument des formes variées. Changer le filtre à air, moucher le nez des gosses, aller aux réunions de parents d'élèves, ranger la maison, laver la vaisselle, contrôler la jauge à huile – ne vous leurrez pas en croyant que toutes ces corvées vous éloignent d'activités plus sérieuses.
Ces tâches ingrates ne sont pas des empêchements à notre "pratique" qui doit nous mener à la "voie". Cette accumulation de corvées *est* notre voie. »

Gary Snyder, *La Pratique de la nature.*

Autour du feu

Dans les temps anciens, à la tombée de la nuit, la seule source de lumière disponible, mis à part la clarté de la pleine lune et des étoiles, était le feu. Pendant des millions d'années, dans l'obscurité et le froid, les humains se sont assis autour des feux, en contemplant les braises. Peut-être la méditation traditionnelle est-elle née à cette époque.

Le feu était d'un grand réconfort – source de lumière, de chaleur et une protection contre les animaux sauvages. S'asseoir autour d'un feu détendait les gens à la fin de la journée. À sa lueur vacillante, nos ancêtres racontaient des histoires sur ce qui leur était arrivé pendant une journée de chasse. D'autres hommes, assis en silence, voyaient dans les flammes changeantes la réflexion d'un paysage magique et imaginaire. Le feu rendait supportable l'obscurité de la nuit et donnait une sensation de sécurité. Il était vivifiant, chaleureux, apaisant, incitant à la réflexion, et indispensable à la survie de l'homme.

Aujourd'hui, cette nécessité a disparu de notre vie quotidienne et avec elle, presque toutes les occasions de rester dans le calme. Dans le monde actuel, le feu est peu pratique, un luxe occasionnel, symbole d'une certaine atmosphère d'intimité. Quand le jour baisse au-dehors, nous n'avons qu'à appuyer sur l'interrupteur. Un flot de lumière inonde notre intérieur, remplissant d'activité notre journée jusque tard dans la nuit si nous le désirons. La vie moderne ne nous laisse que peu de temps pour « être » à moins de prendre ce temps délibérément. Nous ne sommes plus forcés de nous interrompre dans ce que nous faisions, à cause du déclin du jour... Cette interruption qui intervenait chaque soir, nous obligeant à changer de vitesse, à lâcher les activités de la journée, nous manque. L'esprit a peu l'occasion, aujourd'hui, de se concentrer dans la quiétude, au coin du feu.

À la place, nous regardons à la fin de la journée la télévision, un feu électronique dont l'énergie est pâle en comparaison. Nous sommes soumis à un bombardement incessant de sons et d'images qui proviennent de cerveaux étrangers, qui nous bourrent le crâne d'informations tronquées, de fadaises crétinisantes, des aventures et des désirs des autres. Regarder la télé laisse encore moins de place pour expérimenter le calme. Dévorant le temps, l'espace et le silence, elle induit en nous une sorte de passivité soporifique. « Du bubble-gum pour les yeux », disait Steve Allen en parlant de la télévision. Les journaux et les magazines en font presque autant car ils nous volent des moments précieux que nous pourrions vivre plus pleinement.

Nous n'avons pas vraiment besoin de succomber à la dépendance que créent ces divertissements extérieurs et ces distractions multiples. Nous sommes capables de développer d'autres habitudes qui nous ramènent à ce désir primordial de chaleur, de tranquillité et de paix intérieure. Quand nous sommes assis en nous concentrant sur notre souffle, par exemple, cela ressemble beaucoup à s'asseoir auprès d'un feu. En examinant la respiration en profondeur, nous pouvons imaginer, autant que nos ancêtres rêvaient sur les flammes et les braises, les reflets dansants de notre esprit. La méditation peut générer aussi une certaine chaleur. Et si nous n'essayons pas d'arriver quelque part mais que nous demeurions seulement dans le moment présent, il peut arriver que nous ayons la chance de tomber sur une quiétude ancienne – derrière et en deçà de nos pensées conscientes – que les hommes trouvaient, assis autour du feu, en des temps primitifs et plus simples.

Harmonie

Au moment où je gare ma voiture sur le parking de l'hôpital, plusieurs centaines d'oies sauvages passent au-dessus de ma tête. Elles volent si haut dans le ciel que je n'entends pas leurs cris. Ce qui me frappe en premier, c'est qu'elles semblent savoir exactement où elles vont. Elles se dirigent vers le nord-ouest, les retardataires semblant sortir du faible soleil levant de novembre, à l'est. Je suis si ému par la noblesse et la beauté de leur vol que j'attrape un papier et un crayon et j'essaie de reproduire ce merveilleux triangle ouvert de mes griffonnages maladroits. Quelques traits suffisent... elles seront bientôt hors de ma vue.

Elles volent sous la forme d'un grand V mouvant, mais certaines avancent en formations plus complexes. Tout est en mouvement. Leurs lignes plongent et remontent dans les airs avec une grâce harmonieuse, comme un étendard flottant au vent. C'est évident qu'elles communiquent entre elles. Chacune semble toujours retrouver sa place parmi ces longs rubans mouvants.

Je ressens leur passage comme une bénédiction personnelle. Ce moment est un don. J'ai eu la bonne fortune d'assister à un événement important qui n'arrive que rarement. Cette sensation provient de la nature sauvage de ces oiseaux alliée à l'harmonie, l'ordre et la beauté qu'ils incarnent. Mon expérience habituelle du temps qui passe est suspendue à leur vol.

Le modèle de ce vol est « chaotique » comme disent les savants en parlant de formations de nuages ou des formes des arbres. C'est-à-dire que l'ordre règne au milieu du chaos apparent. J'en suis émerveillé. Comme je me rends à mon travail, la nature me montre aujourd'hui l'ordre des choses sur une petite échelle, me rappelant combien nous sommes ignorants, nous les humains, et comme nous savons peu apprécier l'harmonie, si tant est que nous l'apercevions.

En lisant le journal le soir même, je remarque que les conséquences du déboisement massif aux Philippines ne se sont fait connaître qu'à l'arrivée du typhon en 1991. Les eaux gonflées, que le sol dénudé ne pouvait plus retenir, déferlèrent sur les terres basses en noyant des milliers de paysans. Le problème est que nous refusons de tenir compte de notre responsabilité dans les catastrophes « naturelles ». En dédaignant l'équilibre naturel, on prend des risques.

L'harmonie de la nature est autour de nous et en nous. Sa perception est une source de grand bonheur ; mais souvent, nous ne l'apprécions que rétrospectivement ou en son absence. Si la santé va bien, nous ne remarquons pas l'harmonie dans notre corps. Notre absence de mal de tête n'est pas une grande nouvelle pour notre cortex cérébral. Nos capacités à marcher, à voir et à penser semblent aller de soi et font partie de la panoplie des automatismes. Seules, la douleur et la peur nous réveillent en sursaut et nous font prendre conscience de ces fonctions. À ce moment-là, l'harmonie est plus difficile à percevoir. Nous nous trouvons rattrapés par des turbulences à tous les niveaux. Comme le chante Joni Mitchell :

« You don't know what you've got till it's gone... »

En sortant de ma voiture, je rends hommage à ces voyageuses qui ont conféré à l'espace aérien de ce parking d'hôpital – obligatoirement civilisé – une dose rafraîchissante de nature sauvage.

EXERCICE :

Écarter le voile de la non-conscience afin de percevoir l'harmonie du moment présent. Pouvez-vous la voir ou la sentir dans les nuages, dans le ciel, chez les gens, dans le climat, dans la nourriture, dans votre corps, dans cette respiration ? Regardez, observez, encore et encore, ici et maintenant !

L'aube

Thoreau avait l'habitude, pendant qu'il habitait à Walden, de se lever tôt et de se baigner dans l'étang, à l'aube. Il le faisait par discipline spirituelle. « C'était un exercice religieux, dit-il, l'une des meilleures choses que j'aie pu faire. »

Benjamin Franklin a également vanté les bienfaits apportés par le fait de se lever de bonne heure : santé, richesse et sagesse. Ne se contentant pas d'en parler, il mettait en pratique cette discipline.

Les vertus de se lever tôt n'ont rien à voir avec la volonté d'accomplir plus d'activités pendant la journée de travail. Au contraire, elles sont inhérentes au calme et à la solitude de l'heure matinale qui favorisent la contemplation, qui donnent le temps d'« être » et la possibilité de ne *rien* faire. La paix, la tranquillité, la lumière diffuse du jour naissant – tout contribue à faire de l'aube un temps privilégié pour la pratique de la pleine conscience.

En outre, se réveiller de bonne heure nous donne une bonne longueur d'avance pour le reste de la journée. Lorsque l'on peut commencer la journée avec une paix intérieure issue de la pratique de la pleine conscience, les choses que l'on doit faire se dérouleront comme un flux harmonieux. Cette force et ce calme intérieurs, cet équilibre de l'esprit que nous procure la pleine conscience nous accompagneront tout au long de la journée. Si au contraire, dès le saut du lit, nous nous précipitons pour remplir nos tâches quotidiennes et faire face à nos responsabilités, il est évident que le résultat ne sera pas le même.

Le pouvoir de se lever au petit matin est si grand qu'il influence profondément la vie de chacun, même si on ne pratique pas la méditation traditionnelle. Le fait de voir le soleil se lever chaque jour est en soi un éveil spirituel.

Je trouve que le petit matin est un temps merveilleusement approprié à la méditation traditionnelle. Personne n'est encore debout. L'agitation de la ville ne s'est pas encore manifestée. Je me lève donc, et je consacre environ une heure à *être* seulement, sans rien faire. Au bout de vingt-huit ans, cette pratique garde toujours sa fraîcheur. Il y a des jours cependant où il est difficile de sortir du lit car mon corps et mon esprit résistent. Mais l'intérêt de la chose est justement de surmonter cette résistance et de me lever malgré mon peu d'envie. L'acte seulement de se réveiller tôt pour pratiquer le non-agir est déjà un processus de maîtrise de soi qui produit assez de chaleur pour réarranger nos molécules et nous fabriquer un nouveau treillis en cristal qui protège notre intégrité en nous rappelant qu'il y a des choses plus importantes dans la vie qu'une activité frénétique.

Cette discipline quotidienne est indépendante de la journée que nous avons eue hier et de celle que nous anticipons aujourd'hui. Quant à moi, je m'efforce spécialement de pratiquer la méditation formelle les jours où des événements importants doivent arriver, qu'ils soient heureux ou stressants, quand mon esprit est tourmenté, quand il y a beaucoup de choses à faire et que les émotions sont à fleur de peau. Ainsi, j'ai moins de chances de perdre le sens caché de ces moments et j'arrive à les surmonter un peu mieux.

En nous enracinant chaque matin dans la pleine conscience, nous sommes conscients du changement incessant des choses, que les bonheurs et les malheurs vont et viennent, et qu'il est possible d'adopter une attitude de sagesse et de paix intérieure face à toutes les circonstances qui peuvent se présenter. J'appelle volontiers cette pratique matinale ma « routine », mais c'est loin d'être le cas. La pleine conscience est le contraire de la routine.

Si vous renâclez à vous lever une heure plus tôt, essayez une demi-heure, ou un quart d'heure ou même cinq minutes. C'est l'intention qui compte. Cinq minutes de pratique en pleine conscience le matin peuvent être précieuses. Et je dirais même que cinq minutes de sommeil sacrifiées nous font sentir combien nous sommes attachés au sommeil et, par conséquent, combien cela exige de discipline et de résolution pour se réserver ce petit laps de temps consacré au *non-agir*. Après tout, l'esprit pensant a toujours une excuse valable : puisque vous n'allez rien faire de spécial et qu'il n'y a pas de raison pressante de le faire ce matin, pourquoi ne pas profiter de ce sommeil dont vous avez tant besoin et seulement commencer demain ?

Pour surmonter cette opposition sournoise qui se niche dans les recoins de notre cerveau, il faut décider la veille au soir que nous allons nous réveiller quoi qu'il arrive. C'est la caractéristique de la véritable discipline. On le fait simplement parce qu'on s'est engagé à le faire, à l'heure fixée, que notre esprit le veuille ou non. Au bout d'un certain temps, cette discipline fait partie de notre psyché. Cela devient la nouvelle manière de vivre que nous avons choisie. Il ne s'agit plus d'un « devoir ». Nos valeurs et nos actes ont changé de dimension.

Si vous n'êtes pas encore prêt pour cela (ou même si vous l'êtes), vous pouvez toujours utiliser l'instant précis où vous vous réveillez – peu importe l'heure – comme un moment de pleine conscience, le premier de cette nouvelle journée. Avant de faire le moindre mouvement, essayez de sentir que votre souffle est en mouvement. Sentez le poids de votre corps couché dans le lit. Allongez-le en vous demandant : « Suis-je éveillé maintenant ? Est-ce que je sais qu'un nouveau jour est là ? Que va-t-il se passer aujourd'hui ? Je n'en sais rien. En pensant à ce que j'ai à faire, puis-je accepter ce non-savoir ? Suis-je capable de voir le moment présent rempli de possibilités ? »

*

« Le matin est là quand je m'éveille et que l'aube est en moi... Nous devons apprendre à nous réveiller et à rester éveillés, non par des moyens mécaniques, mais par une attente infinie de l'aurore, qui, dans notre sommeil le plus profond, ne nous abandonnera pas. Je ne connais pas de fait plus encourageant que la capacité de l'homme d'élever sa vie par un effort conscient. C'est quelque chose de pouvoir peindre un tableau précis ou de sculpter une statue et ainsi de créer quelques beaux objets... mais le plus glorieux des arts est d'affecter la qualité du jour. »

THOREAU, *Walden*.

EXERCICE :

Engagez-vous à vous lever plus tôt que d'habitude. Cela changera votre existence. Faites que ce temps supplémentaire soit un temps pour être, un éveil conscient. Il n'est pas nécessaire de récapituler vos engagements pour la journée en vous projetant « en avant ». C'est le moment de l'absence de temps, de la tranquillité, de la présence, d'être avec vous-même.

De même, au moment de vous réveiller, avant de sortir du lit, sentez votre respiration, les différentes sensations de votre corps, observez vos pensées et vos perceptions ; que ce moment soit animé par la pleine conscience.

Sentez-vous votre respiration ? L'air qui entre et qui sort à chaque souffle ? Éprouvez-vous du plaisir à la sensation du souffle qui pénètre librement votre corps ?

Demandez-vous : « Suis-je éveillé, maintenant ? »

Le contact direct

Nous portons tous en nous des idées et des images de la réalité qui proviennent d'autres personnes, de livres que nous avons lus, de bribes d'information vues à la télévision, entendues à la radio ou parcourues dans les journaux – un kaléidoscope de culture générale et d'événements d'actualité. En conséquence, nous sommes la plupart du temps envahis par les idées des autres plutôt que de voir la réalité qui est sous nos yeux ou à l'intérieur de nous-mêmes. Souvent, nous ne prenons même pas la peine de vérifier cette réalité, ni ce que nous en pensons, car nous croyons tout savoir et tout comprendre. Ainsi, nous fermons la porte à l'émerveillement devant de nouvelles rencontres. Si nous n'y prenons pas garde, vivant dans un rêve, un mirage qui nous isole du monde réel en nous éloignant d'une expérience vécue, nous pourrions même oublier que le contact direct avec la réalité des gens et des choses est encore possible. Insensiblement, sans nous en rendre compte, nous nous appauvrissons spirituellement et émotionnellement. En revanche, quand nous prenons directement contact avec le monde réel, quelque chose d'unique et de merveilleux peut advenir.

Viki Weisskopf, mon mentor et ami, qui est un physicien éminent, raconte l'anecdote suivante à propos du contact direct :

« Il y a quelques années, j'ai été invité par l'Université d'Arizona, à Tucson, à faire une série de conférences. J'étais enchanté car cela me donnerait l'occasion de visiter l'observatoire de Kitts Peak qui possède un télescope très puissant que j'avais toujours voulu expérimenter. Je demandai à mes hôtes d'arranger une visite, un soir, à l'observatoire afin que je puisse regarder dans le télescope. On m'a répondu que c'était impossible car le télescope était continuellement en activité pour la recherche astronomique et la photographie spatiale. Dans ce cas, répliquai-je, il me sera impossible de venir faire les conférences en question. Quelques jours plus tard, on me fit savoir que tout avait été arrangé selon mes désirs. Par une nuit extraordinairement claire, nous grimpâmes en voiture jusqu'au sommet de la montagne. Les étoiles et la Voie lactée scintillaient avec un tel éclat qu'elles me semblaient à portée de la main. En entrant sous la coupole, je demandai aux techniciens qui régissaient l'ordinateur qui commande le télescope géant de me montrer Saturne et quelques autres galaxies. Ce fut avec un plaisir inoubliable que j'observai de mes propres yeux, avec une précision remarquable, tous les détails que j'avais seulement vus auparavant sur des photographies. Pendant que je regardais dans le télescope, je m'aperçus que la pièce se remplissait de gens massés derrière moi. L'un après l'autre, ils regardèrent à leur tour dans le télescope. C'étaient les astronomes attachés à l'observatoire qui n'avaient encore jamais eu l'opportunité d'observer directement les objets de leurs recherches !

Je ne puis qu'espérer que cette occasion leur a fait prendre conscience de l'importance de ces contacts directs avec les étoiles. »

VICTOR WEISSKOPF, *La Joie de l'intuition.*

EXERCICE :

Penser que votre vie est au moins aussi intéressante et aussi miraculeuse que celle de la lune ou des étoiles. Quel est l'obstacle qui vous empêche d'avoir un contact direct avec votre vie ? Que pouvez-vous faire pour changer ça ?

« *Avez-vous encore quelque chose à me dire ?* »

Bien sûr, le contact direct est très important dans la relation entre le médecin et son patient. Nous nous efforçons d'aider les étudiants en médecine à comprendre cette relation sans prendre la fuite, terrorisés, parce qu'ils doivent s'impliquer individuellement, dans une écoute empathique, en traitant les malades comme des personnes plutôt que des problèmes médicaux et des opportunités à exercer leur jugement et leur pouvoir. Il y a tant de choses qui peuvent se mettre en travers du contact direct. De nombreux médecins n'ont pas été formés à cette dimension de la médecine. Ils n'ont pas conscience de l'importance cruciale d'une communication effective dans ce que nous appelons le domaine de la santé qui est trop souvent celui de la maladie ; et là encore, si le sujet est exclu du dialogue, le traitement que l'on donne au malade manque d'efficacité.

Ma mère, exaspérée de ne pouvoir trouver un médecin qui accepte de traiter son problème sérieusement, raconte comment, au cours d'une visite de contrôle qu'elle avait réclamée parce qu'elle ne marchait pas encore bien et qu'elle souffrait beaucoup à la suite d'une opération de la hanche, le chirurgien orthopédique examina ses radios en commentant combien elles étaient bonnes – superbes était le mot qu'il avait employé – sans même ausculter sa jambe et sa hanche. Il ne tint pas compte de sa douleur puisque les radios lui indiquaient que tout allait bien.

Les médecins se cachent souvent derrière leurs opérations, leurs instruments, leurs tests médicaux et leur jargon technique. Parfois, ils répugnent à établir un contact trop direct avec leur patient en tant qu'individu, avec ses pensées et ses peurs, ses doutes et ses questions, le plus souvent non dits. Cela fait partie d'un territoire inconnu, non balisé, donc inquiétant. En partie, cette répugnance vient sans doute de leur propre incapacité à regarder en face leurs peurs et leurs doutes. Ceux des autres n'en sont que plus intimidants. D'autre part, ils craignent d'ouvrir ces écluses potentielles car ils ont peur de ne pas savoir comment contrôler le flux d'émotions qui pourrait se déverser et, surtout, de ne pas en avoir le temps. Pourtant, la principale demande des malades est d'être écoutés, pris au sérieux en tant que *personne*, au moins autant que leur maladie.

À cette fin, nous enjoignons à nos étudiants en médecine de poser à la fin de l'entretien avec le malade une question du genre : « Y a-t-il encore quelque chose que vous voudriez me dire ? » Nous les encourageons à faire une pause après la question pour que le patient ait l'espace psychique nécessaire à la réflexion sur ses besoins ou son désir. La réponse ne vient pas souvent la première ou la seconde fois, ou même pas du tout si le médecin n'est pas particulièrement à l'écoute ou trop pressé.

Un jour, j'assistai à une session interdisciplinaire au cours de laquelle des experts d'une autre université décrivaient leurs programmes de formation en filmant l'entretien avec les malades en vidéo pour donner aux étudiants un feed-back immédiat sur leur style d'interview. Nous devions prendre des notes et faire un rapport sur ce que nous avions constaté. Nous vîmes donc une série de clips très courts sur la dernière question posée à la fin de chaque entretien : « Avez-vous encore quelque chose à me dire ? »

Au bout du troisième clip, j'eus du mal à réprimer un fou rire intempestif. À mon grand étonnement, mes collègues me regardaient, stupéfaits, mais bientôt quelques-uns comprirent la raison de mon hilarité. La chose se répétait à chaque clip mais comme tout ce qui est évident, on ne le remarque pas du premier coup.

Dans chaque clip, l'étudiant répétait consciencieusement la phrase de conclusion qu'on lui avait apprise : « Avez-vous encore quelque chose à me dire ? », et, en même temps, il secouait énergiquement la tête comme pour communiquer au malade le message suivant : « Non, je vous en prie, ne m'en dites pas plus ! »

L'autorité

Quand j'ai commencé à travailler au centre médical, on m'a donné trois blouses blanches sur les poches desquelles on avait joliment brodé : « *Dr Kabat-Zinn / Département de médecine* ». Depuis quinze ans, elles sont accrochées à la porte de mon bureau sans avoir jamais été portées.

Pour moi, ces blouses blanches symbolisent exactement le contraire de ce que je veux être dans mon travail. Je comprends qu'elles servent l'autorité dont les médecins et les chirurgiens ont besoin, car celle-ci a un effet placebo sur les malades. L'image d'autorité est renforcée quand un stéthoscope s'échappe d'une poche sous un angle avantageux. Les jeunes médecins, dans leur enthousiasme, en font encore davantage en suspendant avec ostentation l'instrument autour de leur cou.

Mais dans la clinique antistress où je travaille, la blouse blanche serait un réel handicap. Déjà, je fais des heures supplémentaires pour contrecarrer tout ce que les gens projettent sur moi, dans le genre « M. Relaxation » ou « Dr Je-sais-tout », ou encore « M. Sagesse-et-compassion-incarnées » ! L'objectif de la réduction du stress basée sur la technique de la pleine conscience est justement d'inciter et d'encourager les gens à devenir responsables, à prendre en charge leur corps, leur santé, leur vie. Je m'efforce de convaincre que chaque personne *est* sa propre autorité, ou en tout cas peut le devenir si elle mène son existence avec pleine conscience. Les informations dont nous avons tous besoin pour en savoir plus sur nous-mêmes et notre santé sont à portée de la main, ou plutôt sous nos yeux.

Pour participer plus activement à notre bien-être et à notre santé, il faut simplement écouter et faire confiance à ce que nous entendons, faire confiance aux messages que nous recevons de notre propre vie, de notre corps, de notre esprit et de nos sensations. Ce sentiment de confiance et de participation est ce qui fait le plus souvent défaut dans la médecine. Nous l'appelons « mobiliser les ressources intérieures du malade » pour l'aider à guérir, ou à faire face à son problème, à voir plus clairement, à s'affirmer, à poser plus de questions, bref à s'en sortir plus adroitement. Cela ne remplace pas les soins de la profession médicale mais c'est un complément indispensable à la guérison des maladies ou des handicaps variés, aux défis posés par un système de santé souvent aliénant, intimidant, indifférent et iatrogène. Pour développer cette attitude d'indépendance, le patient doit assumer sa propre vie, et donc, en quelque sorte, se conférer une autorité propre.

Une analyse attentive de soi peut nous rendre l'estime de soi-même, pour la simple raison que le manque d'amour-propre provient d'une perception erronée de la réalité. J'en ai moi-même fait l'expérience en observant mon corps ou ma respiration pendant la méditation. On s'aperçoit vite que le fonctionnement de notre corps, sans efforts conscients, est miraculeux. Nos problèmes de complexes d'infériorité résultent, pour une large part, de nos expériences passées. Nous ne voyons que nos faiblesses et nous les exagérons hors de proportion. Simultanément, nous prenons nos qualités pour argent comptant – quand nous les reconnaissons – ce qui n'est pas toujours le cas. Peut-être restons-nous bloqués par les blessures éprouvées pendant l'enfance et ainsi, nous oublions que nous avons également quelques talents. Les blessures comptent, mais aussi notre bonté envers les autres, notre capacité de penser, de faire la différence entre les choses et les gens. Et ça, nous le savons beaucoup plus qu'on ne le croit. Pourtant, au lieu de considérer la réalité d'une façon équilibrée, nous persistons à projeter sur les autres qu'*ils* sont OK et que *nous* ne le sommes pas.

Je regimbe quand les gens projettent ce fantasme sur moi. J'essaie de leur renvoyer une autre image d'eux-mêmes en leur faisant comprendre ce qu'ils sont en train de faire, et que l'énergie positive qu'ils sentent en moi, en réalité, est la leur. Cette énergie positive leur appartient et ils doivent la conserver et en apprécier la source. Pourquoi donner leur pouvoir à quelqu'un d'autre ? J'ai assez de problèmes personnels !

*

« [Les gens] mesurent l'estime qu'ils ont pour les autres en fonction de ce que chacun possède, et non pour ce qu'il est… La paix ne peut venir que de toi-même. »

RALPH WALDO EMERSON, *Compter sur soi.*

Nulle part ailleurs...

Vous avez certainement remarqué que l'on ne peut jamais fuir quoi que ce soit. Tôt ou tard, les choses qu'on évite et auxquelles on essaie d'échapper, de se dissimuler, nous rattrapent – surtout si elles ont un rapport avec des habitudes et des peurs anciennes. Le sentiment illusoire qui prévaut est que « si ça ne va pas ici, il n'y a qu'à aller ailleurs » où ça sera différent. Si ce travail n'est pas bien, changeons de travail. Si cette épouse ne nous convient plus, changeons de femme. Si nous en avons assez de cette ville, changeons de ville. Si nos enfants nous posent problème, confions à d'autres le soin de les élever. L'idée sous-jacente est que la cause de nos ennuis se trouve en dehors de nous – dans un lieu donné, chez les autres, à cause des circonstances. Changeons le lieu, changeons les circonstances et tout rentrera dans l'ordre. Nous recommencerons une vie nouvelle.

Le problème, avec ce genre de raisonnement, c'est qu'il ne tient pas compte du fait que vous promenez avec vous votre tête et votre cœur et ce que d'aucuns nomment votre *karma*. Vous ne pouvez échapper à vous-même en dépit de tous vos efforts. Et quel motif sérieux auriez-vous de croire que ça serait mieux ailleurs ? Tôt ou tard, les mêmes problèmes surgiront. En fait, ils sont issus, pour une grande part, de notre manière de voir, de penser et de nous comporter. Très souvent, notre vie cesse de fonctionner, parce que nous cessons d'y travailler, parce que nous ne voulons pas être responsables des choses telles qu'elles sont, et que nous ne voulons pas travailler sur nos problèmes. Nous ne comprenons pas qu'il soit possible d'atteindre une certaine clarté de vue, une compréhension, une transformation en plein milieu de ce qui est, *ici* et *maintenant*, quelle que soit la problématique. Mais il est plus facile et moins menaçant pour notre moi de projeter nos problèmes sur les autres et sur notre environnement.

Il est tellement plus simple de critiquer, de croire que nous avons besoin d'un changement extérieur, de fuir devant les forces qui nous tirent en arrière, qui nous empêchent de nous développer, de trouver le bonheur. Nous pouvons même aller jusqu'à nous culpabiliser pour tout ce qui arrive et, dans une fuite ultime devant nos responsabilités, disparaître en nous disant que nous avons tout raté, que nous sommes irrémédiablement fichus. Dans les deux cas de figure, nous croyons que nous ne pouvons plus changer et que pour épargner à notre entourage une souffrance accrue il ne nous reste plus qu'à nous éclipser.

Quand on regarde autour de soi, on découvre l'étendue des ravages provoqués par cette façon de penser. On ne voit que des ruptures – dans les couples et les familles –, des vagabonds déracinés qui errent de lieu en lieu, d'un travail à l'autre, d'une relation à une autre, d'un groupe « salvateur » à un autre, avec l'espoir désespéré de rencontrer la personne, le travail, l'endroit, le livre qui arrangeront la situation. Certaines personnes, se sentant tellement seules, incapables d'être aimées, ont abandonné tout espoir de bonheur et ne cherchent même plus la paix intérieure par quelque moyen que ce soit.

La méditation, en elle-même, ne nous met pas à l'abri de cette quête d'un « ailleurs » meilleur. Parfois les gens ont l'obsession chronique d'essayer telle technique, puis telle autre, d'étudier une tradition puis une autre, en recherchant cet enseignement spécial, cette relation privilégiée auprès de différents maîtres, espérant trouver cette « défonce » momentanée qui ouvrira la porte de la connaissance de soi et de la libération. Cela peut conduire à de pénibles désillusions. Nous fuyons ce qui est le plus proche de nous, et sans doute le plus douloureux. C'est ainsi que beaucoup de gens tombent dans une relation malsaine de dépendance envers des maîtres de méditation, oubliant que l'on doit accomplir soi-même le travail intérieur – ce travail issu de son propre vécu – quelle que soit la qualité du maître.

Certaines personnes utilisent les retraites ou les stages de méditation comme une planche de salut, plutôt que de se servir de cette opportunité pour approfondir sa connaissance de soi.

Pendant une retraite, tout est plus facile. Les organisateurs pourvoient aux nécessités vitales de l'existence. Le monde a un sens. Tout ce que j'ai à faire, c'est de m'asseoir et de marcher, d'être pleinement présent, d'écouter la profonde sagesse distillée par des gens qui ont déjà accompli un travail considérable sur eux-mêmes et qui vivent donc dans l'harmonie. Ainsi encadré, je serai transformé, j'apprendrai comment affronter le monde et j'aurai une vision plus juste de mes propres problèmes.

En général, cela correspond à une certaine vérité. De bons maîtres accompagnés d'une longue période de méditation isolée peuvent être très bénéfiques, *si* l'on accepte de tenir compte de tout ce qui peut surgir au cours d'une retraite. Mais il y a aussi le risque que l'on se retire de la vie du monde et qu'en fin de compte notre « transformation » ne soit que superficielle. Elle durera quelques jours ou quelques semaines, et bientôt nous retomberons dans nos vieilles habitudes et nous partirons à la recherche d'un nouveau maître, d'un nouveau stage, d'un pèlerinage en Asie ou d'un autre rêve romantique grâce auquel nous deviendrons meilleurs, etc.

Cette façon de penser et de voir est le piège classique. Peu importe que vous utilisiez la drogue ou la méditation, l'alcool ou le Club Med, le divorce ou l'abandon de votre boulot, vous ne réussirez pas à vous transformer avant d'avoir fait face aux difficultés présentes, avant de les avoir assumées avec pleine conscience en laissant les aspérités de la situation arrondir les angles. En d'autres termes, vous devez accepter que la vie même soit votre maître.

Voilà donc le chemin sur lequel vous vous trouvez, ici et maintenant. *Ici*, c'est vraiment ma place, ma relation, mon dilemme, mon travail. Le défi de la pleine conscience est de travailler avec les circonstances auxquelles on se trouve confronté – peu importe combien ça semble désagréable, décourageant, sans fin et bloqué – et de s'assurer que l'on a tout fait pour se transformer avant de décider d'arrêter les frais et de voir ailleurs. C'est ici que le véritable travail commence.

Donc, quand vous croyez que votre pratique est monotone et nulle, et que votre environnement n'est pas bon, vous pensez tout naturellement que si vous viviez dans une grotte dans l'Himalaya, ou dans un monastère en Asie, ou encore sur une plage tropicale, les choses iraient mieux et votre méditation serait plus concentrée... Voire. Au bout d'une demi-heure dans votre grotte, vous vous sentirez peut-être seul, la lumière vous manquera ou de l'eau coulera goutte à goutte du plafond ; sur la plage, il fera peut-être froid et pluvieux ; au monastère, vous n'aimerez peut-être pas le maître, ni la nourriture, ni la chambre. Il y aura toujours quelque chose qui vous déplaira. Alors, pourquoi ne pas lâcher prise et admettre que vous êtes chez vous n'importe où ? À ce moment-là, vous serez en contact avec le centre de vous-même et vous inviterez la pleine conscience à y pénétrer et à prendre soin de vous. C'est seulement lorsque vous aurez compris cela, que la grotte, le monastère, la plage, le centre de retraite vous livreront leurs vraies richesses. Il en ira de même pour les autres moments et les autres lieux.

*

« Mon pied glisse sur le rebord étroit de la corniche : pendant cette fraction de seconde, l'aiguillon de la peur transperce mes tempes et mon cœur, et l'éternité croise le moment présent. La pensée et l'action ne sont pas différenciées et la pierre, l'air, la glace, la peur et moi ne faisons qu'un. Rien n'est plus grisant que d'insuffler cette conscience intense dans les moments ordinaires de la vie, comme l'expérimentent, moment par moment, le loup et le vautour, qui, se trouvant au centre des choses, n'ont pas besoin de connaître le secret de l'essence des êtres.

Dans cette respiration que nous prenons à l'instant même, se trouve le secret que tous les grands maîtres tentent de nous transmettre et qu'un lama a défini comme "la précision, l'ouverture et l'intelligence du présent". Le but de la pratique de la méditation n'est pas l'illumination ; c'est l'attention que l'on focalise même sur les périodes les plus ordinaires de l'existence ; c'est d'être dans le moment présent, rien-que-le-présent, d'aborder chaque événement de la vie courante avec cette pleine conscience du *maintenant.* »

PETER MATTHIESSEN, *Le Léopard des neiges.*

L'escalier

La vie quotidienne ne manque pas d'occasions de pratiquer la pleine conscience. Monter l'escalier en est une pour moi. Quand je suis à la maison, je grimpe les marches au moins cent fois par jour. Soit j'ai besoin de quelque chose là-haut, soit on m'appelle, et comme mon bureau est en bas, je fais souvent la navette entre les étages. Dès que je suis arrivé en haut, je redescends après avoir trouvé ce que je cherchais, ou être allé aux toilettes, ou je ne sais quoi.

Je découvre que je suis souvent motivé par mon besoin d'être ailleurs ou par le prochain événement qui, selon moi, devrait se passer. Quand je me surprends à monter l'escalier quatre à quatre, il m'arrive d'avoir la présence d'esprit de m'arrêter en plein vol. J'ai conscience d'être légèrement essoufflé, que mon cœur bat la chamade ainsi que mon esprit, que toute ma personne, enfin, est habitée par une hâte dont j'ai souvent oublié l'objet, une fois arrivé en haut.

Quand je peux capter consciemment cette vague d'énergie pendant que je suis encore au pied de l'escalier, je ralentis l'allure – pas seulement une marche à la fois, mais vraiment lentement, en rythmant mon souffle à chaque pas, me souvenant qu'il n'y a nul lieu où je doive me rendre, nulle chose que j'aie à faire, qui ne puissent attendre un moment de plus, pourvu que j'y sois pleinement présent.

Je m'aperçois que lorsque j'agis ainsi, je suis plus en contact avec moi-même en chemin et plus centré, arrivé en haut. Si l'urgence extérieure existe rarement, il y a toujours une urgence intérieure, habituellement provoquée par l'impatience et une forme inconsciente d'anxiété – dont le processus est parfois si subtil que je dois écouter avec attention pour l'entendre, ou si violent, que pratiquement rien ne peut arrêter son élan. Cependant, la conscience de cette turbulence intérieure m'aide à ne pas m'y perdre à ces moments-là. Enfin, comme vous pouvez l'imaginer, cela concerne aussi la descente de l'escalier, et c'est encore plus dur pour moi de ralentir à cause de la force de la gravitation !

EXERCICE :

Utilisez les occasions qui se présentent habituellement dans votre maison pour être pleinement conscient de chaque moment présent : ouvrir la porte d'entrée, répondre au téléphone, sortir le linge de la machine à laver, aller au réfrigérateur, etc. Observez la pulsion qui vous précipite vers le téléphone ou la sonnette dès la première sonnerie. Pourquoi votre temps de réaction doit-il être si rapide ? Êtes-vous capable d'effectuer ces transitions avec plus de grâce ? Pouvez-vous *être là* à n'importe quel moment ?

De même, essayez d'être présent dans des actes ordinaires de la vie quotidienne comme prendre une douche ou un repas. Quand vous êtes sous la douche, y êtes-vous vraiment ? Sentez-vous l'eau ruisseler sur votre peau ou êtes-vous ailleurs, perdu dans vos pensées, insensible à la douche ?

Manger est encore un bon moyen d'exercer la pratique de la pleine conscience. Goûtez-vous la saveur de la nourriture ? Êtes-vous conscient de ce que vous mangez, en quelle quantité, à quelle allure, quand, où ? Pouvez-vous faire de votre journée qui se déroule dans le temps l'occasion d'être présent à chaque moment ?

Nettoyer le four en écoutant Bobby McFerrin

Je peux à la fois me perdre et me retrouver en nettoyant le four de la cuisine. C'est une occasion rare et opportune d'exercer la pratique de la pleine conscience ; comme je ne le fais pas régulièrement, cela devient un véritable défi au bout d'un certain temps. Il a y plusieurs niveaux de propreté sur lesquels je joue jusqu'à ce que le four ait l'air neuf quand j'ai terminé mon nettoyage.

J'utilise une éponge métallique à la fois suffisamment abrasive pour enlever les restes de nourriture incrustés si je frotte assez fort avec du bicarbonate de soude, mais qui, en même temps, n'enlève pas le vernis. Je retire le gril et les divers éléments que je laisse tremper dans l'évier, ensuite, je frotte d'un mouvement circulaire ou latéral chaque centimètre carré de la surface du four. Tout dépend où se niche la saleté. Frotter en cercles ou d'avant en arrière met tout mon corps en mouvement. Je ne pense plus à nettoyer le four pour qu'il ait l'air propre ; je ne fais que bouger, me mouvoir en cercle, observer comment les choses changent graduellement sous mes yeux.

À la fin, j'essuie soigneusement toute la surface avec une éponge humide.

Souvent, la musique apporte un plus à l'exercice. À d'autres moments, je préfère travailler en silence. Je me souviens d'un samedi matin quand quelqu'un mit une cassette de Bobby McFerrin et que l'occasion de nettoyer le four se présenta car j'étais seul dans la cuisine. C'est ainsi que nettoyer s'est transformé en danser, les mouvements de mon corps se fondant dans le son, les incantations, le rythme de la musique ; les sensations vibraient à travers mes bras, mes mains qui frottaient en mesure jusqu'au bout des mes doigts. Les incrustations et les taches disparaissaient peu à peu aux modulations de la musique. C'était une célébration magique du moment présent et au bout, un four propre. Ma voix intérieure qui d'habitude demande que ce genre de performance soit reconnu *(Vois comme j'ai nettoyé le four)* et recherche l'approbation générale *(N'ai-je pas fait du beau travail ?)* se met en sourdine, impressionnée par une compréhension plus profonde de ce qui s'est passé.

Au niveau de la pleine conscience, je ne peux pas me vanter d'avoir nettoyé le four. C'est plutôt le four qui s'est nettoyé lui-même, avec la collaboration de Bobby McFerrin, du frotteur, du bicarbonate de soude et de l'éponge, et avec la participation de l'eau chaude et d'une enfilade de moments présents.

Quelle est ma fonction sur cette terre ?

« Quelle est ma fonction sur la terre ? » est une question que nous ferions bien de nous poser souvent. Sinon, nous pourrions nous retrouver à faire le travail de quelqu'un d'autre sans même nous en apercevoir. Plus grave encore, cette personne pourrait n'être qu'une invention de notre imagination.

En tant que créatures pensantes, enveloppées comme toutes les formes de vie dans des unités organiques que nous nommons le corps et qui forment à la fois la fibre et la trame du déroulement continu de la vie, nous avons une capacité singulière à assumer la responsabilité du sens de notre existence, du moins pendant notre bref moment sous le soleil. Mais nous sommes aussi capables de laisser notre esprit raisonneur embrouiller fâcheusement notre passage sur cette terre. Nous risquons ainsi de ne jamais prendre conscience que nous sommes uniques – tant que nous demeurons emprisonnés dans nos habitudes de pensée.

Buckminster Fuller, l'inventeur du dôme géodésique, a éprouvé pendant plusieurs heures le désir de se suicider au bord du lac Michigan, dit-on, après qu'une série de revers financiers l'amenèrent à la conclusion que la meilleure solution pour sa femme et sa petite fille serait qu'il disparût de la surface de la terre. Malgré son incroyable imagination créatrice qui ne fut reconnue que plus tard, tout ce qu'il touchait tombait en poussière. Cependant, au lieu de mettre fin à ses jours, Fuller décida (peut-être à cause de sa foi profonde dans l'unité et l'ordre de l'univers dont il se sentait partie intégrante) de continuer à vivre *comme si* il était mort cette nuit-là.

Étant mort, il n'aurait plus à se soucier de ses affaires personnelles et il serait libre de vivre comme un représentant de l'univers. Ce qui lui resterait de vie serait un don du ciel. Au lieu de vivre pour lui-même, il se consacrerait à se poser la question : « Qu'y a-t-il sur cette planète (qu'il nommait le Vaisseau Spatial Terre) qu'il faut que je fasse et qui n'arrivera pas si je n'en prends pas la responsabilité ? » Il décida de se poser continuellement cette question et d'en tirer toutes les conséquences. De cette façon, en travaillant pour l'humanité en tant qu'employé de l'univers, il contribuerait à modifier son environnement immédiat par sa personne, son comportement et sa fonction. Mais ce n'était plus sur un plan individuel ; c'était une partie du tout de l'univers qui s'exprimait à travers lui.

Nous nous questionnons rarement sur ce que notre cœur exige de nous. Je propose d'élaborer cette contemplation sous forme de questions. Par exemple : « Quelle est ma Fonction sur cette terre – avec un F majuscule ? » ou encore : « Qu'est-ce qui compte assez pour moi, que je suis prêt à payer pour le faire ? » Si la seule réponse qui vient à l'esprit est : « Je n'en sais rien », je continuerai à me poser la même question. Si vous réfléchissez sur ces choses quand vous avez vingt ans, il y a quelques chances qu'à trente-cinq, quarante ou soixante ans votre enquête vous ait mené dans certains lieux où vous n'auriez jamais mis les pieds si vous aviez suivi l'attente de vos parents ou, pis encore, vos propres croyances conventionnelles et réductrices.

On peut se poser cette question à n'importe quel âge. Elle aura toujours un impact profond sur votre point de vue sur l'existence et sur les choix que vous ferez. Cela n'implique pas nécessairement que vous changerez ce que vous faites mais peut-être la *manière* dont vous le faites. À partir du moment où l'univers est votre employeur, des événements intéressants surviennent, même si votre salaire dépend de quelqu'un d'autre. Mais il faut être patient. Où commencer ? Ici, bien sûr. Quand ? Maintenant.

On ne sait jamais ce qui peut émerger de semblables introspections. Fuller se plaisait à répéter que ce qui semble se passer sur le moment n'est qu'un aspect de l'événement. Il faisait remarquer que pour les abeilles, c'est le miel qui importe. Mais l'abeille est en même temps le moyen pour la nature de transporter le pollen des fleurs. Ainsi, l'interconnexion des choses et des êtres est un principe fondamental de l'univers. Rien n'est isolé. Chaque phénomène est relié à d'autres. Les choses se déroulent continuellement à différents niveaux. C'est à nous de percevoir de notre mieux la fibre et la trame de la vie, afin de tisser notre propre tapisserie avec sincérité et détermination.

Fuller pensait que dans la structure sous-jacente de l'univers, la forme et la fonction sont inextricablement liées. Il était convaincu que les modèles fournis par la nature avaient un sens et pourraient nous servir dans notre vie quotidienne et sur un plan créatif.

Jouant sur son tas de sable, suivant son inspiration, ses élucubrations ont ouvert la voie à des découvertes et des mondes dont il n'avait sans doute jamais rêvé. Il en va de même pour vous. Fuller ne se prenait pas pour un personnage remarquable. Il avait pour devise : « Si je peux comprendre cela, tout le monde peut le comprendre. »

*

« Puisez dans vos propres capacités ; n'imitez jamais. Vous pourrez présenter votre talent à tout moment avec la force accumulée de sa culture pendant toute une vie ; mais vous ne posséderez qu'à demi le talent impromptu emprunté à un autre… Faites ce qui vous est assigné et vous ne pourrez ni trop espérer, ni trop risquer. »

RALPH WALDO EMERSON, *La Confiance en soi*.

Le mont Analogue

« Peut-être. Mais à la fin, c'est la montagne qui décide. »

Un guide de l'Everest répond à quelqu'un qui demande si un vieux grimpeur a une chance d'arriver au sommet.

Il y a des montagnes au-dehors et au-dedans. Leur présence nous appelle, nous fait signe de monter. La montagne enseigne peut-être que nous la portons à l'intérieur de nous-mêmes, celle du dehors comme celle du dedans. Quelquefois, nous cherchons la montagne sans la trouver jusqu'au jour où nous sommes suffisamment motivés et préparés à trouver le chemin de la base jusqu'au sommet. L'ascension de la montagne est une puissante métaphore de la quête spirituelle, la voie de l'alchimie intérieure. Les difficultés que nous rencontrons en chemin incarnent les défis dont nous avons besoin pour nous dépasser et élargir nos limites. En fin de compte, c'est la vie elle-même qui est la montagne, un maître qui nous donne l'opportunité de grandir en force et en sagesse. Nous avons beaucoup à apprendre lorsque nous décidons de faire ce voyage. Les risques sont considérables, les sacrifices impressionnants, l'issue souvent incertaine. À la fin, c'est l'ascension elle-même qui est l'aventure et non seulement le fait d'atteindre le sommet.

D'abord, nous explorons le pied de la montagne, ensuite les parois et enfin, le sommet. Mais on ne peut rester en haut d'une montagne. Le voyage ne sera achevé que lorsque nous serons redescendus et que nous l'admirerons de loin. Cependant, le fait d'être monté au sommet nous donne un nouveau point de vue sur le monde qui changera pour toujours notre perspective.

Dans un très beau livre inachevé, *Le Mont Analogue*, René Daumal a dépeint un fragment de cette aventure intérieure. La partie qui m'a beaucoup impressionné décrit la règle fondamentale du mont Analogue : avant de quitter votre campement pour grimper plus haut, il vous faut réapprovisionner le refuge pour ceux qui viendront après vous et redescendre à la rencontre des autres grimpeurs pour partager la connaissance du terrain que vous avez trouvé plus haut afin qu'ils profitent de ce que vous avez déjà appris au cours de votre ascension.

Dans une certaine mesure, c'est ce que nous faisons au cours de notre enseignement. Nous essayons du mieux possible de montrer aux gens ce que nous avons découvert jusqu'à présent. Au mieux, il s'agit d'un carnet de route, d'un rapport sur nos expériences. Ce n'est en aucun cas la vérité absolue.

Ainsi, peu à peu l'aventure se dévoile. Nous sommes tous ensemble sur le mont Analogue. Et nous avons besoin de l'aide des autres.

Interconnexions

Il semble que nous savons intuitivement depuis l'enfance que, d'une façon ou d'une autre, les choses sont reliées entre elles, qu'un événement se produit parce que tel fait s'est passé, etc.

Souvenez-vous de cette ancienne fable : le renard boit le lait dans le seau de la vieille femme qui, en colère, lui coupe la queue ; le renard lui demande de lui rendre sa queue. La vieille répond qu'elle recoudra la queue du renard s'il lui rend son lait. Alors, le renard va trouver la vache dans le champ et lui demande du lait ; la vache dit qu'elle lui donnera du lait si le renard lui apporte de l'herbe. Alors le renard s'en va demander de l'herbe à la prairie qui lui dit de lui apporter de l'eau. Alors le renard s'en va à la rivière qui lui demande une cruche. Et cela continue ainsi jusqu'à ce qu'un brave meunier donne au renard du grain à donner à la poule pour avoir un œuf pour donner au marchand pour avoir une perle pour donner à la jeune fille pour remplir la cruche pour chercher de l'eau, etc., et enfin le renard récupère sa queue et s'en va tout content.

Tout a une cause. Rien ne sort de rien. Tout a un antécédent. Même la bonté du meunier a une cause : sa sympathie pour le renard.

Lorsque nous observons les phénomènes de la nature, nous nous apercevons que le même processus s'applique à l'univers. Il n'y a pas de vie sans soleil et sans eau. Pas de plantes sans photosynthèse. Pas d'oxygène sans photosynthèse. Pas d'animaux ni d'humains sans oxygène. Pas de nous sans nos parents. Et ainsi de suite... Ces relations ne sont pas toujours aussi simples et linéaires. Les choses sont plutôt imbriquées dans un réseau complexe de causalité. Ce que nous nommons la vie, ou la santé, ou la biosphère sont des systèmes compliqués d'interconnexions qui n'ont ni début ni fin.

Ainsi nous pouvons concevoir la futilité et le danger qu'il y aurait à faire d'un fait ou d'une circonstance une entité séparée, sans relation avec le contexte et le flux de l'existence. Car non seulement tout est contenu dans tout, mais tout est flux, c'est-à-dire tout est en devenir. Les étoiles naissent et finissent par mourir. Les planètes subissent aussi un rythme de formation et de destruction. Les voitures neuves qui n'ont même pas quitté l'usine sont déjà en route pour la ferraille. Cette conscience de l'impermanence des choses pourrait nous aider à moins prendre pour argent comptant les événements et les relations présents. Nous pourrions mieux apprécier la vie, les gens, la nourriture, les opinions, les moments, si nous comprenions que tout ce que nous touchons nous met en contact à chaque moment avec le monde entier. Choses et gens sont éphémères. Cela rend le présent beaucoup plus intéressant.

Cette nouvelle façon de voir et d'être maintient en place les fragments de vie. La pratique de la pleine conscience est simplement la découverte perpétuellement renouvelée du fil d'Ariane des interconnexions. À un certain point, ce n'est pas tout à fait correct de dire que nous tissons les fils. En revanche nous devenons conscients d'une causalité qui a toujours existé. Nous avons atteint une perspective d'où nous percevons mieux le tout et d'où nous sommes conscients du flux des moments présents.

*

« L'Un se fond dans l'autre, les groupes se mêlent dans des écosystèmes jusqu'au moment où ce que nous connaissons comme la vie rencontre et pénètre ce que nous pensons comme non-vie : la bernicle et le rocher, le rocher et la terre, la terre et l'arbre, l'arbre et la pluie et l'air... Et il est étrange que le sentiment auquel nous nous référons comme religieux, que la plupart des élans mystiques considérés comme les réactions les plus prisées, les plus utilisées et les plus désirées du genre humain, sont en réalité l'intuition et l'hypothèse que l'homme est relié à tout le reste, inextricablement lié à toute réalité connue et inconnaissable. Cela semble simple à dire, mais le sentiment intime de la chose a produit un Jésus, un saint Augustin, un saint François d'Assise, un Roger Bacon, un Darwin et un Einstein. Chacun d'entre eux, à son rythme et selon son style, a découvert et proclamé avec stupéfaction que toutes choses sont Une et que l'Un est le Tout – ainsi le plancton, cette phosphorescence chatoyante de l'océan, les planètes tournoyant sur elles-mêmes et l'univers en expansion sont reliés entre eux par le lien élastique du Temps. »

JOHN STEINBECK ET EDWARD F. RICKETTS,
Dans la mer de Cortez.

Ahimsa

En 1973, j'ai revu un ami qui avait passé plusieurs années au Népal et en Inde. Il m'a dit : « Si je ne peux rien faire d'utile, j'aimerais au moins faire aussi peu de mal que possible. »

Si l'on n'y prend pas garde, on peut ramener toutes sortes de choses contagieuses des pays lointains ! Moi-même j'ai été instantanément contaminé par le virus de l'*ahimsa* – un moment privilégié que je n'oublierai jamais. J'avais déjà entendu parler de l'ahimsa, ou la volonté de ne pas faire du mal, qui est au cœur de la pratique du yoga et du serment d'Hippocrate. C'était aussi le principe fondamental de la révolution de Gandhi et de sa pratique personnelle de méditation. Mais je fus impressionné par la sincérité des paroles de mon ami. Sa réflexion me parut une manière judicieuse d'établir un rapport avec le monde et avec soi-même. Pourquoi, en effet, ne pas essayer de vivre au causant le moins de souffrance possible autour de soi ? En adoptant cette conduite, nous ne serions pas envahis par cette violence incontrôlable qui domine aujourd'hui nos existences et nos modes de penser. Et nous serions plus généreux envers nous-mêmes, quelles que soient les circonstances.

Comme tout autre précepte, l'ahimsa est un principe excellent mais c'est son application qui compte. Vous pouvez commencer à mettre en pratique à tout moment sa douceur envers vous-même et votre entourage.

Trouvez-vous parfois que vous êtes dur avec vous-même et que vous vous dévalorisez souvent ? Souvenez-vous d'ahimsa et laissez-le agir.

Racontez-vous du mal des gens derrière leur dos ? Ahimsa.

Vous surmenez-vous au-delà de vos limites sans vous occuper de la santé de votre corps ? Ahimsa.

Causez-vous de la peine ou du tort aux autres ? Ahimsa.

C'est facile de réagir avec ahimsa envers les gens qui ne vous menacent pas. Observez comment vous réagissez avec une personne qui vous menace ou dans une situation où vous vous sentez en danger.

Le désir de causer du mal à autrui provient en général d'un sentiment de peur. Ahimsa exige de vous que vous affrontiez vos peurs, que vous les compreniez et les revendiquiez. Cette attitude responsable ne signifie pas que la peur va dominer votre point de vue. Seule la pleine conscience de nos attachements et de nos rejets et la volonté de lutter contre ces états d'âme, même s'il doit nous en coûter, pourra nous libérer de ce cercle de souffrance. Les idéaux élevés ont tendance à succomber aux intérêts de l'ego s'ils ne sont pas incarnés dans une pratique quotidienne.

*

« Ahimsa étant un attribut de l'âme, doit par conséquent être pratiqué par tout le monde, dans toutes les affaires de la vie. Si on ne peut le pratiquer en toutes circonstances, cela n'a pas de valeur pratique. »

MAHATMA GANDHI

*

« Si vous ne pouvez aimer le roi George V ou, disons, Sir Winston Churchill, commencez par votre femme ou votre mari, ou vos enfants. Essayez de faire passer leur bien-être avant le vôtre à chaque minute de la journée, et laissez le cercle d'amour se déployer de là. Tant que vous faites de votre mieux, il ne peut être question d'échouer. »

MAHATMA GANDHI

Karma

J'ai entendu des maîtres zen dire que la pratique quotidienne de la méditation pouvait transmuter un mauvais karma en bon karma. Je croyais que c'était seulement un bon argument publicitaire. J'ai mis dix ans à en comprendre le sens. Je suppose que c'est ça, mon karma...

Le mot karma veut dire que telle chose arrive à cause de tel événement. Ainsi, B est connecté avec A, et tout effet a une cause. En gros, quand nous parlons du karma de quelqu'un, cela représente sa vie dans sa globalité et la teneur des circonstances autour de cette personne qui sont les conséquences d'actions, d'événements, de sensations, d'impressions, de désirs antérieurs. On confond souvent à tort le karma avec un destin fixé d'avance. Celui-ci serait plutôt une accumulation de tendances qui nous enfermeraient dans des modèles de comportement qui eux-mêmes reproduiraient en spirale une accumulation de tendances similaires. Ainsi, il est facile de devenir prisonnier de son karma en pensant que la cause vient toujours d'ailleurs – des autres, de situations incontrôlables –, jamais de nous-mêmes. Mais l'assujettissement à son vieux karma n'est pas une nécessité incontournable. Il est possible de le transformer en nouveau karma. Mais cela ne peut s'accomplir qu'à un moment donné. Devinez à quel moment ?

En pratiquant la pleine conscience. Lorsque nous sommes tranquillement assis en méditant, nous ne laissons pas nos pulsions passer à l'acte. Pendant ce temps-là au moins, nous les observons seulement. Nous remarquons que les pulsions de notre esprit vont et viennent, qu'elles ont une vie indépendante, qu'elles ne sont pas nous, mais des pensées envahissantes dont nous n'avons pas à tenir compte. Moins nous réagissons à ces pulsions, plus nous comprenons leur nature. Ce processus finit par consumer nos désirs destructeurs et turbulents au feu de la concentration, de la sérénité et du non-agir. En même temps, ils n'étouffent plus nos intuitions et nos impulsions créatrices. Dès que nous en prenons conscience, nous devons les cultiver avec respect. La pleine conscience remodèle la chaîne des actions et de leurs conséquences et nous libère en nous offrant de nouvelles directions de vie. Sans pleine conscience, nous sommes trop facilement ballottés par l'élan du passé, sans avoir de repères et sans trouver d'issues. Nous avons tendance à rejeter la responsabilité de nos problèmes sur nos proches, ou sur le monde entier; de cette façon, nos jugements et nos sentiments trouvent toujours une justification. Le moment présent ne peut jamais être l'occasion d'un nouveau départ car nous l'en empêchons.

Comment expliquer autrement que deux personnes qui ont vécu ensemble leur vie d'adulte, qui ont eu des enfants ensemble, qui ont atteint une réussite professionnelle dans leurs domaines respectifs, après trente ans de mariage – alors qu'elles devraient goûter les fruits de leurs efforts – puissent rejeter l'une sur l'autre la faute de leur mésentente et de leur solitude ? Prisonnières d'un cauchemar, incomprises, blessées, elles s'entre-déchirent et sont condamnées à vivre chaque jour dans la rage et la frustration. Karma. Cette situation se reproduit chez des milliers de couples dont les rapports se détériorent peu à peu, quand quelque chose d'essentiel a fait défaut dès le début de la relation, engendrant tristesse et amertume. Tôt ou tard nous récoltons ce que nous avons semé. Si vous vivez dans l'absence de communication et la colère pendant trente ans, vous finissez par être prisonnier de cette colère et de cet isolement.

En fin de compte, c'est notre inattention qui nous emprisonne. Perdant contact avec l'étendue de nos possibilités, nous nous enlisons dans nos habitudes de réactions impulsives et de reproches compulsifs.

En travaillant dans les prisons, j'ai eu l'occasion de voir de près les conséquences des « mauvais » karmas. Mais ce n'est pas très différent au-dehors. Chaque prisonnier a son histoire à raconter, un fait en apparence anodin menant à une grosse bêtise. La plupart d'entre eux savent à peine comment ça leur est arrivé. Habituellement, il s'agit d'une longue suite de réactions en chaîne commençant dès l'enfance, avec leurs parents ou plutôt leur absence, la pauvreté, la violence de la rue, la confiance accordée à des gens qui ne la méritaient pas, la quête de l'argent facile, la fuite devant les humiliations et l'ennui dans la drogue et l'alcool qui abrutissent l'esprit et le corps et ne permettent même plus d'identifier les désirs cruels et destructeurs et les pulsions de mort.

Alors, il suffit d'un seul moment, la conséquence de tous les autres moments que nous traînons après nous sans même en être conscients, pour perdre la tête, « péter les plombs », commettre l'acte irréparable et expérimenter ainsi les millions de manières dont vous vivrons nos moments futurs. Tout aura une suite, que nous le sachions ou non, que nous soyons pris par la police ou non. Nous serons pris, au bout du compte. Pris dans le karma de nos actions. Dans un sens, mes amis en prison ont fait leur choix – sans le savoir. Dans un autre sens, ils n'ont jamais eu le choix. Ils ne savaient pas qu'on pouvait choisir. Nous touchons ici à ce que les bouddhistes nomment la « non-conscience » ou l'ignorance. L'ignorance des pulsions qu'on ne sait pas observer, surtout celles causées par l'avidité et la haine, qui peuvent fausser notre esprit et notre vie entière. Ces états mentaux nous affectent tous, parfois d'une façon dramatique, mais le plus souvent d'une manière subtile et insidieuse. Nous pouvons tous être à la merci de désirs lancinants, avoir l'esprit obscurci par des idées et des opinions auxquelles nous nous accrochons comme si c'étaient des vérités absolues.

Il nous faudra éliminer tout ce qui obscurcit l'esprit et alourdit le corps si nous voulons changer notre karma. Cela n'implique pas de faire de bonnes actions mais de se connaître soi-même et de savoir que nous ne *sommes* pas notre karma, quel qu'il soit à ce moment donné. Cela veut dire qu'il faut s'adapter à la réalité. Cela veut dire avoir une vision juste des choses.

Par où commencer ? Pourquoi pas par notre propre esprit ? Celui-ci est après tout l'instrument qui transforme en actes nos pensées, nos sensations et nos impulsions. Lorsqu'on cesse, pendant un certain temps, toute activité extérieure et que l'on pratique la quiétude, ici et maintenant, avec l'intention de s'asseoir en méditant, nous détournons le flux de l'ancien karma et nous créons un karma entièrement nouveau. Là, à ce moment précis, se trouve la source de la transmutation, le changement de direction d'une vie.

L'acte de s'immobiliser, de cultiver des moments de non-agir, d'observation intérieure, nous met sur un autre plan vis-à-vis de l'avenir. Ce qui se passe maintenant, se passera plus tard. Si maintenant, il n'y a ni pleine conscience, ni sérénité, ni compassion, pendant le seul temps dont nous disposons pour nous en nourrir et nous en pénétrer, quelles sont les chances que ces qualités apparaissent plus tard en période de stress ou de détresse ?

*

« L'idée que l'âme atteindra l'extase
Simplement parce que le corps se décompose –
Tout cela, c'est une illusion.
Ce qui est ici maintenant, sera là à ce moment-là. »

KABIR

L'Un et le Tout

Quand nous ressentons la totalité de notre être, nous nous sentons Un avec le Tout. Quand nous nous sentons Un avec l'univers, nous sommes conscients que nous formons un être entier.

Assis ou couchés, immobiles, nous pouvons à tout moment entrer en contact avec notre corps, le transcender, nous fondre dans notre souffle, dans l'univers, nous sentir comme des unités englobées dans d'autres totalités plus grandes. Cette sensation d'interconnexion apporte le sentiment d'appartenir au monde, d'être une partie du tout, d'être chez soi partout. En réfléchissant et en nous émerveillant devant l'éternité qui transcende la naissance et la mort, nous expérimentons simultanément le passage éphémère de notre existence sur la Terre, l'impermanence de nos liens avec le corps, avec les autres. Appréhendant directement notre globalité à travers la pratique de la méditation, nous réussirons peut-être à accepter la réalité, à comprendre les choses et les êtres en profondeur et avec plus de compassion, atténuant ainsi notre angoisse et notre désespoir.

Dans notre culture, le tout a les mêmes racines essentielles que la santé, ou le sacré. Quand il nous arrive de percevoir notre nature dans sa totalité, nous n'avons plus besoin de chercher ailleurs ni de faire autre chose. Nous sommes enfin libres de choisir notre voie. La quiétude est à notre portée dans le faire comme dans le non-agir. En sentant, touchant, goûtant, écoutant cette sensation du tout en nous-mêmes, nous ne pouvons que lâcher prise. Et l'esprit, apaisé, écoute à son tour. Ouverts et réceptifs, nous trouvons l'équilibre et l'harmonie ici même, tout l'espace concentré dans ce lieu, tous les moments dans ce moment unique.

*

« L'homme ordinaire craint la solitude
Mais le Maître sait s'en servir,
Heureux d'être solitaire
Sachant qu'il est Un avec l'Univers. »

LAO-TSEU, *Tao-tö-king*.

*

« La paix entre dans le cœur des hommes
Quand ils savent qu'ils ne forment qu'un avec l'univers. »

ÉLAN NOIR

*

« Siddhartha écoutait. Ses facultés étaient tendues vers ces bruits et plus rien n'existait pour lui que ce qu'il percevait ; il absorbait toutes ces rumeurs, s'en emplissait, sentant bien qu'à cette heure il allait atteindre au dernier perfectionnement dans l'art d'écouter. Bien souvent déjà il avait entendu toutes ces choses, bien souvent les voix du fleuve avaient déjà frappé ses oreilles, mais aujourd'hui, ces sons lui semblaient nouveaux. Il commençait à ne plus bien les distinguer ; celles qui avaient une note joyeuse se confondaient avec celles qui se lamentaient, les voix mâles avec les voix enfantines, elles ne formaient plus qu'un seul concert : la plainte du mélancolique et le rire du sceptique, le cri de la colère et le gémissement de l'agonie, tout cela ne faisait plus qu'un, tout s'entremêlait, s'unissait, se pénétrait de mille façons. Et toutes les voix, toutes les aspirations, toutes les convoitises, toutes les souffrances, tous les plaisirs, tout le bien, tout le mal, tout cela ensemble, c'était le monde. C'était le fleuve des destinées accomplies, c'était la musique de la vie. Et lorsque Siddhartha, prêtant l'oreille au son de ces mille et mille voix qui s'élevaient en même temps du fleuve, ne s'attacha plus seulement à celles qui clamaient la souffrance ou l'ironie, ou n'ouvrit plus son âme à l'une d'elles de préférence aux autres, en y faisant intervenir son Moi, mais les écouta toutes également, dans leur ensemble, dans leur Unité, alors il s'aperçut que tout l'immense concert de ces milliers de voix ne se composait que d'une seule parole : *Om* : la perfection. »

HERMANN HESSE, *Siddhartha.*

*

« Je suis vaste ; je contiens des multitudes. »

WALT WHITMAN, *Feuilles d'herbe.*

Le particulier

Le Tout que l'on ressent en soi ne peut se permettre d'être tyrannique car il est infini dans sa diversité et se voit reflété, encastré, dans chaque particularité, tout comme sur le filet de la déesse Indra qui symbolise l'univers, les joyaux brodés au sommet de la tête reflètent tout le filet, capturant ainsi l'ensemble.

D'aucuns voudraient que l'on sacrifie à l'autel de l'Un, en utilisant le concept de l'unité pour aplanir les différences. Mais ce sont précisément les qualités et les propriétés uniques de chaque chose, de chaque individu, qui produisent la richesse et les merveilles de l'art et de la science.

Tous les visages se ressemblent et pourtant chacun possède son individualité, son identité propre. L'océan forme un tout, mais ses vagues innombrables déferlent chacune à un rythme différent, avec une force différente. La vie sur la planète se manifeste sous de multiples formes, microscopiques ou visibles, minérales ou vivantes. En conséquence, il ne peut y avoir qu'une seule manière d'être, qu'une seule façon de pratiquer, qu'une seule manière d'aimer, de grandir ou de guérir, de sentir ou d'apprendre. Le particulier compte.

*

« La mésange à tête noire
Sautille près de moi. »

THOREAU

*

« L'homme qui déterrait les radis montra le chemin
Avec un radis. »

ISSA

*

« Dans la vieille mare
Saute la grenouille –
Plouc ! »

BASHO

*

« Minuit. Calme plat.
Pas de vent.
Un rayon de lune emplit
Le bateau vide. »

DOGEN

L'esprit de curiosité

L'esprit de curiosité est essentiel pour vivre en pleine conscience. Ce n'est pas simplement une façon de résoudre nos problèmes. C'est une manière de s'assurer que l'on est toujours en contact avec le mystère de la vie et de notre présence ici-bas.

La curiosité ne signifie pas que nous recherchons des réponses toutes faites, superficielles. Il s'agit plutôt de demander sans attendre de réponse, de réfléchir à la question, de la laisser mijoter en vous, entrer et sortir de votre champ de conscience comme tout le reste de vos activités.

Il n'est pas nécessaire d'être immobile pour s'interroger ; la pleine conscience et l'esprit d'enquête vont de pair dans la vie quotidienne. En fait, c'est la même démarche appliquée sur des objets différents. Vous pouvez vous poser des questions telles que : « Qui suis-je ? », ou : « Qu'est-ce qui m'arrive ? » ou encore : « Quel est mon travail » ? pendant que vous réparez votre voiture, en vous rendant à votre travail, en lavant la vaisselle, en écoutant votre fille chanter par une belle soirée d'été, ou même en cherchant un boulot.

Toutes sortes de problèmes se présentent à

nous au cours de la vie. Le premier pas est de reconnaître qu'il y a un problème – qui produit une tension dans notre entourage. Cela peut nous prendre quarante ou cinquante ans pour identifier quelques-uns des démons que nous portons en nous. Mais pourquoi pas ? Il n'y a pas de limites dans le temps pour faire son enquête. C'est comme si nous avions une marmite dans le placard de notre cuisine. Elle sera prête à l'emploi dès que nous la placerons sur le feu en mettant de la nourriture dedans qui mijotera tranquillement.

Cette enquête intérieure qui s'apparente à l'introspection, à une mise en question, consiste surtout à écouter les pensées qui seront évoquées par notre questionnement – comme si nous observions le flux de nos pensées – entendant l'eau du fleuve qui ruisselle sans cesse sur les rochers, apercevant de temps à autre une feuille ou une branche d'arbre flotter au fil du courant.

Le moi

« La vraie valeur d'un être humain est principalement déterminée par la façon et dans quelle mesure il s'est libéré de son moi. »

ALBERT EINSTEIN, *Le Monde tel que je le vois.*

« Je », « Moi », le « mien » sont des produits de notre pensée. Mon ami Larry Rosenberg, du Centre de méditation inductive de Cambridge, nomme *selfing* cette tendance inévitable et incorrigible de construire à partir de n'importe quelle situation un « je », un « moi », un « mien » et ensuite de se projeter dans le monde à partir de cette perspective limitée qui relève surtout du fantasme et d'une attitude défensive. Nous pouvons aisément observer ce processus en méditant en silence ou en vivant avec attention une période de cinq minutes de notre vie. Nous remarquerons alors que ce que nous appelons le « moi » est en réalité une construction de notre esprit. Si vous cherchez un moi stable, permanent et indivisible, le noyau dur de vous-même qui serait le fondement de *vos* expériences, vous pouvez chercher longtemps. Vous aurez beau affirmer que vous êtes votre nom, ça serait encore inexact. Votre nom est seulement une marque. De même pour votre âge, votre sexe, vos opinions politiques, etc. Aucun de ces attributs n'est essentiel à votre « moi ».

En enquêtant sur votre « moi » d'une manière approfondie, vous ne trouverez aucune base solide où atterrir. Si vous vous posez la question : « Qui est ce *moi* qui demande qui je suis ? » la réponse sera en fin de compte : « Je ne sais pas. » Le *je* apparaît comme une construction mentale qualifiée par ses attributs qui, pris séparément ou dans leur ensemble, ne composent pas la personne dans sa globalité. En outre, ce *je* a tendance à se dissoudre et à se reconstruire d'un moment à l'autre. Souvent, il se sent diminué, incertain, fragilisé.

Il faut aussi tenir compte de l'influence des forces extérieures. Le « moi » a tendance à se sentir bien quand les circonstances renforcent sa bonne opinion de lui-même et, en revanche, à se sentir mal quand il subit des critiques, des difficultés, qu'il considère comme des obstacles et des échecs. C'est peut-être la raison du peu d'estime d'eux-mêmes qu'ont la plupart des gens. Nous ne sommes pas vraiment familiers avec ce processus de structuration de notre identité. En général, nous recherchons la stabilité intérieure à travers des récompenses extérieures, des possessions matérielles et l'approbation de ceux qui nous aiment. Mais en dépit de toute cette activité structurante du moi, nous ne trouvons toujours pas l'équilibre ni le calme intérieurs. Les bouddhistes diraient à ce propos qu'il n'existe pas de « moi » dans l'absolu – seulement ce processus continuel d'élaboration du moi, c'est-à-dire le *selfing*. Si nous étions capables de ne voir dans ce processus qu'une habitude solidement ancrée, et de nous permettre de temps en temps de prendre une journée de repos, en cessant d'essayer d'être « quelqu'un », mais au contraire, d'*être* simplement, nous serions sans doute bien plus heureux et plus détendus.

Cela ne signifie pas – soit dit en passant – que « vous devez être quelqu'un avant de pouvoir être personne » comme le prétend l'une des innombrables théories New Age, qui affirme qu'il faut avoir une solide structure narcissique avant de pouvoir explorer le vide du « non-moi ». Le non-moi ne veut pas dire être nul ! Cela signifie seulement que tout est interdépendant et qu'il n'y a pas de noyau dur, isolé, qui serait « vous ». Nous n'existons que par rapport aux autres forces et événements du monde – y compris nos parents, notre enfance, nos pensées et nos sensations, etc. En dépit de tout, je suis déjà quelqu'un. Mais mon nom, mon âge, mon enfance, mes sentiments et mes peurs ne forment qu'une partie de moi.

En conséquence, quand nous suggérons de ne pas faire tant d'efforts pour devenir « quelqu'un » mais, en revanche, de faire l'expérience immédiate d'*être*, cela implique de commencer là où l'on se trouve et de travailler à partir de là. Il ne s'agit pas, dans la méditation, de s'efforcer d'être une personne « nulle », ou un zombie contemplatif incapable de vivre dans le monde réel ni d'affronter les problèmes de l'existence. Il s'agit de voir les choses telles qu'elles sont sans les déformer par nos processus de pensée. Cela correspond à percevoir que tout est interconnecté et que, si notre conception conventionnelle du « moi » peut être utile, elle n'est pas basée sur une vérité absolue ni permanente. Donc, si vous renoncez à vous faire valoir de peur de paraître inférieur, la personne que vous êtes réellement se sentira mille fois plus légère et heureuse, et sera de compagnie plus agréable.

Nous pourrions commencer par voir les choses d'une façon moins personnelle. Lorsqu'un événement se produit, essayons de le considérer objectivement et non de notre point de vue. C'est arrivé inopinément. Cela n'est peut-être pas dirigé contre nous. Observons notre esprit à ces moments-là. Est-ce qu'il retombe dans les « moi je » et « c'est *mon* machin » ? Demandons-nous alors : « Qui suis-je ? » ou : « Qu'est-ce que ce *moi* qui ramène tout à lui ? »

La conscience du phénomène peut contrebalancer le processus du *selfing* et en réduire l'impact. Remarquons aussi l'impermanence du moi. Tout ce à quoi nous essayons de nous raccrocher, au bout d'un certain temps, nous échappe. Nous ne pouvons le conserver parce que ce « moi » est constamment en train de changer, de se décomposer, de se restructurer à nouveau, légèrement différemment à chaque fois, selon les circonstances du moment. Dans la théorie du chaos, cette perception du moi se définit comme « l'attraction étrangère », dans un modèle qui incarne l'ordre mais qui peut devenir parfois chaotique d'une manière imprévisible. Cela ne se répète jamais. Chaque fois qu'on observe le processus, il se présente différemment.

La nature insaisissable d'un moi permanent et concret correspond au fond à une observation pleine d'espérance. Cela veut dire que nous pouvons cesser de nous prendre tellement au sérieux et de croire que nos problèmes personnels sont au centre de l'univers. En identifiant ces pulsions de *selfing* et en lâchant prise, nous accordons à l'univers un peu plus d'espace pour que des événements intéressants arrivent.

Nous sommes partie intégrante des mouvements de l'univers. Notre narcissisme, notre égocentrisme et notre vanité risquent de nous en séparer.

La colère

Je n'oublierai jamais l'expression de désespoir et de supplication muette sur le visage de ma fille Naushon, âgée de onze ans, quand je descendis de voiture, un dimanche matin de bonne heure, devant la maison de son amie où elle avait passé la nuit. Remarquant immédiatement la colère qui montait en moi, elle craignait que je fasse un éclat embarrassant parce que son amie n'était pas encore prête. Mais, emporté par mon sentiment d'impatience, je n'arrivai pas à me contrôler – je l'ai amèrement regretté depuis. J'aurais voulu que le regard de ma fille m'arrêtât à ce moment-là, en me faisant comprendre ce qui était vraiment important – à savoir qu'elle pouvait avoir confiance en moi et que je ne la trahirais ni ne l'humilierais devant ses amis. Mais j'étais trop irrité à l'idée d'être manipulé par son amie pour tenir compte de l'anxiété de ma fille.

Je me sentais envahi par un sentiment d'indignation justifiée. Mon « moi » ne voulait pas attendre, ni se sentir exploité. Pourtant, j'assurai ma fille que je ne ferais pas de scène mais qu'il fallait en parler tout de suite, car je me sentais utilisé. Je fis donc, auprès d'une mère mal réveillée, une enquête matinale sur les causes du retard de sa fille ; ensuite, bouillant de rage contenue, j'ai attendu un court moment – je dois le reconnaître – les deux filles dans ma voiture.

Ainsi l'incident prit fin. Pas dans ma mémoire cependant, qui garde encore, et je l'espère gardera toujours l'image du regard suppliant de ma fille que je n'ai pas su interpréter à temps. Si j'avais été disponible et présent, à ce moment-là, ma colère aurait fondu.

Nous payons toujours un prix quand nous nous raccrochons au sentiment étriqué d'« avoir raison ». Cet état d'esprit passager est bien moins important pour moi, en réalité, que mériter la confiance de Naushon. Mais, ce matin-là, j'ai trahi sa confiance malgré tout.

Si l'on ne fait pas preuve d'une extrême vigilance, des sentiments mesquins peuvent s'emparer du moment présent. Cela arrive tout le temps. La souffrance collective que nous infligeons aux autres et à nous-mêmes fait pleurer nos âmes. Si dur que ce soit de l'admettre – surtout lorsqu'il s'agit de soi – nous cédons bien trop souvent à la colère.

Vaisselle de chats

Je déteste trouver dans l'évier des assiettes incrustées de restes de nourriture pour chat, mélangées aux nôtres. Je ne sais pas pourquoi ça m'agace à ce point, mais j'y suis vraiment allergique. C'est peut-être parce que je n'ai pas été élevé avec des animaux à la maison. Ou encore, j'ai l'impression que c'est une atteinte à la santé publique (vous savez de quoi je parle, les virus, bactéries, parasites, etc.). Quand je me décide enfin à laver les assiettes des chats, je lave d'abord toute notre vaisselle et ensuite, je lave, à part, celle des chats.

Donc, à la vue des assiettes des chats dans l'évier, d'abord je me fâche contre la personne que je soupçonne de ce forfait. En général, c'est ma femme Myla. Ensuite, je suis peiné qu'elle ne respecte pas mes volontés. Je lui ai répété en de nombreuses occasions que je n'aimais pas ça, que ça me dégoûtait. Je lui ai demandé aussi poliment que possible de ne pas recommencer, mais elle n'en tient pas compte. Elle me trouve idiot et compulsif et quand elle est pressée, elle laisse les assiettes des chats à tremper dans l'évier.

La vaisselle sale des chats dans l'évier provoque parfois de violentes disputes, principalement parce que je suis en colère et vexé, et surtout parce que je sais que « j'ai raison ». La nourriture pour chat n'a pas sa place dans l'évier de la cuisine ! Mais quand elle y est, mon *selfing* peut s'affirmer avec force.

Néanmoins, j'ai remarqué ces derniers temps que je m'énervais moins à ce sujet. Je n'ai pas essayé consciemment de changer mon comportement ; les restes de nourriture pour chat dans l'évier me donnent toujours des boutons, mais j'ai l'impression de voir les choses différemment, avec un certain humour et une certaine distance. Par exemple, maintenant quand ça arrive – et ça arrive souvent, malheureusement – je suis immédiatement conscient de ma réaction et je la considère en me disant : « Ça y est ! »

J'observe la colère qui monte en moi, précédée d'une sensation de dégoût. Ensuite, je remarque le sentiment amer d'avoir été bafoué. Un membre de *ma* famille n'a pas tenu compte de *ma* demande. Je le prends assez mal. Après tout, mes sentiments comptent aussi, non ?

En expérimentant mes réactions devant l'évier, je m'aperçois peu à peu que si j'accepte le fait accompli en respirant calmement, ma colère et ma répulsion s'évanouissent au bout de quelques secondes. Je remarque aussi que cette transgression à ma loi m'importe plus que la vaisselle sale des chats. Je découvre ainsi que la cause de ma colère vient de ce que ma famille ne m'écoute pas et ne me respecte pas. Aha !

Plus tard, il me vient à l'esprit que ma femme et mes enfants ont un point de vue complètement différent sur cette affaire. Ils pensent que j'en fais tout un fromage. Ils respectent mes souhaits quand ils leur semblent raisonnables ; à d'autres moments, ils font ce que bon leur semble, sans même penser à moi.

Alors, j'ai cessé de considérer la vaisselle des chats comme un affront personnel. Quand je n'y tiens plus, je tombe la veste, je remonte mes manches et je fais la vaisselle. À d'autres moments, ça m'est égal, et je laisse tout en plan. Nous ne nous disputons plus à propos des assiettes des chats. En fait, quand il m'arrive de voir ces objets répugnants dans l'évier, à présent, je souris. Ne m'ont-ils pas beaucoup appris ?

EXERCICE :

Observez vos réactions dans des situations qui vous irritent ou vous mettent en colère. Remarquez comment parler seulement de ce qui vous fait enrager vous met dans le pouvoir des autres. Ces moments sont de bonnes occasions d'expérimenter la pleine conscience comme si c'était une marmite où vous jetteriez tous vos sentiments en les laissant mijoter à feu doux sans rien faire d'autre, sachant qu'ils deviendront plus digestes et mieux compris en cuisant dans la marmite de la pleine conscience.

Constatez que vos idées et vos sentiments sont des projections de votre esprit et que votre vision des choses n'est peut-être pas complète. Pouvez-vous accepter cela sans essayer d'avoir raison ?

Aurez-vous le courage et la patience de faire cuire dans la marmite des émotions fortes plutôt que de les imposer aux autres et de vouloir que le monde corresponde à votre idée ? Sentez-vous comment cette pratique peut approfondir votre connaissance de vous-même et vous libérer de vieux préjugés réducteurs ?

La pratique des parents

J'ai commencé à méditer dès l'âge de vingt ans. À ce moment-là, j'étais plus disponible qu'aujourd'hui et j'avais le temps de suivre des retraites de dix à quinze jours. Ces retraites étaient organisées de sorte que les participants, de la première heure jusque tard le soir, occupaient leurs journées à méditer et à marcher en silence. Les journées étaient entrecoupées de solides repas végétariens, pris également en silence. Notre travail intérieur était guidé par d'excellents maîtres de méditation qui, le soir, nous délivraient des homélies inspirantes et nous accordaient régulièrement des entretiens individuels pour vérifier où nous en étions.

J'aimais beaucoup ces retraites car elles me permettaient de mettre ma vie ordinaire entre parenthèses, dans un cadre paisible et agréable, en pleine campagne, où je n'avais pas de soucis matériels. Je vivais une vie contemplative d'une grande simplicité dont la principale activité était de pratiquer, pratiquer, pratiquer…

Remarquez, ça n'était pas toujours facile. J'éprouvais souvent des souffrances physiques à la limite du supportable par suite de la position assise pendant des heures d'affilée. Mais cela n'était rien en comparaison de la douleur émotionnelle qui parfois faisait surface au fur et à mesure que mon corps et mon esprit devenaient plus calmes.

Quand nous avons décidé d'avoir des enfants, ma femme et moi, j'ai su qu'il me faudrait abandonner ces retraites, pendant un certain temps, au moins. Je me consolais en me disant que je pourrais toujours retourner à la vie contemplative quand les enfants seraient grands et qu'ils n'auraient plus besoin de la présence continue d'un père. J'avais compris aussi qu'on pouvait comparer le fait d'avoir des enfants à une méditation authentique qui aurait toutes les qualités de la retraite – sauf le calme et la simplicité, évidemment.

Voici comment j'envisageais la situation : je considérais chaque bébé comme un petit bouddha ou un petit maître zen qui m'enseignerait la pleine conscience. La présence et les actes de cet enfant parachuté dans ma vie signifiaient une remise en question continuelle de mes croyances et de mes limites, une opportunité de constater à quoi j'étais profondément attaché et si j'étais capable de m'en détacher. À chaque enfant correspondrait une retraite *d'au moins* dix-huit ans qui exigerait une abnégation et une bonté sans bornes ! Jusque-là, ma vie consistait à satisfaire les désirs normaux d'un célibataire. À présent, l'état de parent allait la transformer radicalement. Mener cette tâche à bien exigerait de moi une grande clarté d'esprit, un lâcher-prise et un *laisser-être* auxquels je n'avais jamais encore été confronté.

En premier lieu, les bébés requièrent une attention constante. Leurs besoins réclament des horaires réguliers qui ne correspondent pas toujours à notre disponibilité ou à notre emploi du temps. Plus important encore, les enfants, petits et grands, ont besoin de notre présence entière afin de pouvoir s'épanouir. Les bébés demandent qu'on les tienne dans les bras, qu'on les berce, que l'on chante, qu'on joue avec eux, qu'on les console, qu'on les nourrisse tard dans la nuit ou tôt le matin, quand on a seulement envie de dormir. C'est ce qui fait que les besoins en perpétuelle évolution des petits enfants sont des opportunités sans pareilles pour la présence attentive des parents, pour un rapport pleinement conscient, pour ressentir l'être unique de chaque enfant vibrer dans sa vitalité et sa pureté. Je sentais qu'être parent pouvait renforcer ma pleine conscience dans la mesure où j'étais capable de laisser les enfants et la famille devenir mes maîtres en me donnant de sévères, autant que joyeuses, leçons de vie.

Élever un enfant, néanmoins, est un travail stressant. Quand il n'est encore qu'un nourrisson, c'est un boulot à plein temps et d'habitude, deux ou même un seul parent font le travail de dix personnes ! Aucun manuel n'accompagne la naissance du bébé pour expliquer comment procéder. La plupart du temps, nous ne savons même pas si nous faisons bien. Nous n'avons aucune préparation au travail de parent, seulement l'expérience acquise, moments après moments, au fil des années.

Et l'expérience se fait de plus en plus difficile au fur et à mesure que les enfants grandissent en développant leurs propres idées et désirs. C'est un autre problème de savoir quelle décision prendre et comment agir avec un minimum de sagesse et d'équilibre (après tout, c'est vous l'adulte) avec des ados qui vous résistent et vous manipulent, qui se battent entre eux sans merci, qui se révoltent, qui refusent de vous entendre, qui sont impliqués dans des situations sociales où ils ont besoin de votre aide sans vouloir l'admettre ; bref, ils pompent toute votre énergie en vous laissant très peu de temps libre. Pas moyen de s'évader, de se cacher, de dissimuler. Vos enfants voient tout, de l'intérieur et de près : vos faiblesses, vos manies, vos verrues et vos boutons, vos mensonges, vos incohérences et vos échecs.

Ces épreuves ne nous empêchent pas d'élever nos enfants en pratiquant la pleine conscience. Au contraire, elles *sont* la pratique même, *si* nous en sommes conscients. Autrement, notre vie de parents peut devenir un long fardeau, rempli de frustrations réciproques. Si nous oublions de reconnaître ou même de voir la bonté et la beauté intérieures de nos enfants, ils se sentiront diminués et atteints d'une blessure profonde qui détruira ultérieurement leur confiance en eux-mêmes et leur communication avec les autres.

Il est évident que toute cette énergie parentale a besoin de se ressourcer quelque part, afin de nourrir et de revitaliser ses forces, de temps à autre, sinon le processus même se tarira. Je ne peux évoquer que deux sources possibles : le soutien *extérieur* de notre partenaire, d'autres membres de la famille, d'amis, de baby-sitters, etc., ainsi que de faire de temps à autre les choses qu'on aime ; et le soutien *intérieur* que l'on peut tirer de la méditation traditionnelle ou de toute autre pratique qui nous donne un peu de temps pour être calme, nous asseoir en silence ou faire un peu de yoga.

Je médite tôt le matin parce que c'est le seul moment où la maison est tranquille et parce que je serai sans doute trop occupé ou trop fatigué pour m'y consacrer plus tard. Il me semble aussi que cette pratique matinale détermine le cours de toute la journée en y insufflant naturellement les bienfaits de la pleine conscience.

Mais quand il n'y avait que des bébés à la maison, même les petits matins étaient pris d'assaut. On ne pouvait planifier quoi que ce soit car on était toujours interrompu par quelque chose de plus urgent concernant les bébés. Nos bébés dormaient très peu. Ils s'endormaient toujours fort tard et se réveillaient très tôt, surtout quand j'étais en train de méditer ! On aurait dit qu'ils sentaient quand j'allais me réveiller et se réveillaient aussi. Certains jours, j'étais obligé de me lever à quatre heures du matin pour méditer ou faire mon yoga. À d'autres moments, j'étais trop épuisé pour sortir du lit et je m'en fichais. Je me disais que mon sommeil était plus important que tout. D'autres fois encore, il m'arrivait de prendre la posture assise avec mon bébé sur les genoux en lui laissant décider de la longueur de la méditation. Ils adoraient être enveloppés dans la couverture de méditation avec seulement la tête qui dépassait et souvent, ils restaient tranquilles pendant un long moment tandis que je suivais le rythme de *notre* respiration.

J'étais convaincu pendant cette période – et je le suis toujours – que la conscience de mon corps et de mon souffle, ainsi que du contact de nos corps pendant que je les tenais dans mes bras, aidait mes bébés à éprouver une sensation de calme et d'acceptation, et à explorer la quiétude. Et leur relaxation intérieure qui était beaucoup plus pure que la mienne parce que non encombrée de pensées et de soucis d'adultes m'aidait à devenir plus calme, plus détendu et plus présent. Quand ils commençaient à marcher, je faisais du yoga avec eux à quatre pattes en les portant sur mon dos ou en nous roulant sur le tapis. En jouant ainsi, nous inventions spontanément de nouvelles postures à deux, que nous pouvions faire ensemble. Cette gestuelle corporelle, non verbale, naturelle, attentive à l'autre, était pour moi une source de bonheur inépuisable et renforçait mon sentiment d'unité avec l'univers.

Plus les enfants grandissent, plus il est difficile de se souvenir qu'ils sont encore des maîtres zen, à demeure. Le défi d'être attentif sans cependant trop réagir à leurs bêtises, d'observer mes propres réactions, souvent excessives et de reconnaître mes torts, est parfois difficile à relever. C'est dû en partie à l'autonomie qu'ils gagnent petit à petit. Des fragments de mon enfance, de mon éducation plus conventionnelle émergent parfois avec force de mon inconscient et expriment d'une manière offensante les clichés d'autrefois – l'archétype du mâle et son rôle patriarcal, mon autorité, comment affirmer mon pouvoir, combien je me sens bien à la maison, les relations personnelles entre personnes de générations différentes et leurs rivalités, etc. Chaque jour représente une nouvelle mise en question. Souvent, je me sens submergé et quelquefois très seul. Je ressens la distance qui s'accentue et tout en reconnaissant son importance pour un développement psychique sain de l'enfant, la séparation fait mal. Parfois, j'oublie moi-même que je suis adulte et je me livre à des comportements infantiles. Les gosses me rappellent rapidement à l'ordre et m'éveillent à la réalité si ma pleine conscience m'a fait défaut à ce moment particulier.

La vie de famille peut donc être un lieu privilégié pour la pratique de la pleine conscience à condition que l'on ne soit ni paresseux, ni égoïste, ni faible, ni désespérément romantique... Élever ses enfants est un miroir qui vous oblige à vous regarder. Si vous pouvez apprendre de ce que vous observez, vous aurez l'opportunité de continuer à grandir.

*

« Une fois que l'on a accepté la découverte qu'entre les êtres humains les plus proches des distances infinies continuent à exister, une merveilleuse vie à deux peut se développer, si ces deux êtres réussissent à aimer la distance qui les sépare en rendant possible à chacun de voir la silhouette de l'autre se découper, en entier, contre le ciel. »

RAINER MARIA RILKE, *Lettres*.

*

« Pour atteindre à la plénitude, il faut mettre en jeu tout son être. Rien de moins. Il ne peut y avoir ni conditions meilleures, ni substituts, ni compromis. »

C.G. JUNG

EXERCICE :

Si vous êtes un parent ou un grand-parent, essayez de voir des maîtres dans vos enfants. Observez-les en silence. Écoutez-les plus attentivement. Déchiffrez leur langage du corps. Estimez leur degré d'amour-propre en regardant leur comportement. Quels sont leurs besoins en ce moment ? À cette heure de la journée ? À cette période de leur vie ? Demandez-vous : « Comment puis-je les aider maintenant ? » et suivez ce que vous dira votre cœur. Souvenez-vous que dans la plupart des situations, les conseils sont la dernière chose qu'ils veulent entendre – à moins que vous les donniez au bon moment et avec beaucoup de délicatesse. Le fait d'être vous-même centré, ouvert, disponible et présent, sera pour eux un don précieux. Et, de temps en temps, les serrer de tout cœur dans vos bras ne peut que leur faire du bien.

La pratique des parents, bis

Bien sûr, vous êtes les tuteurs et les guides de vos enfants autant qu'ils sont vos maîtres. Pour moi, élever les enfants consiste à les soutenir et à les guider pendant une longue période temporaire. En revanche, quand nous les considérons comme « nos » enfants ou « mon » enfant, en tant que des possessions que nous pouvons contrôler à notre guise, ça pose problème. Les enfants sont des personnes indépendantes qui ont cependant besoin d'amour et de justice pour épanouir pleinement leur humanité. Certains parents – moi, entre autres – ont besoin d'une pleine conscience constante, outre leurs instincts naturels d'amour parental, pour mener à bien cette mission pour les guider sur le chemin qu'ils exploreront plus tard par eux-mêmes.

Certains parents qui apprécient les bienfaits de la méditation sont tentés de l'enseigner à leurs enfants. Cela pourrait être une grave erreur. À mon humble avis, la meilleure façon de transmettre à ses enfants – surtout quand ils sont jeunes – la sagesse, la méditation ou autre chose du même ordre est de le vivre et de l'incarner soi-même, en n'en parlant surtout pas. Plus vous vanterez les mérites de la méditation, plus vous en dégoûterez vos enfants, peut-être à vie. Ils éprouveront du ressentiment contre les croyances qui sont les vôtres et non les leurs, que vous essaierez de leur imposer et ils le ressentiront comme une agression contre leur liberté. Ils savent qu'il s'agit de votre voie, et non de la leur. En grandissant, les enfants ne seront pas longs à détecter la distance entre ce qui est professé et ce qui est vécu par leurs parents.

Si vous prenez vraiment au sérieux votre pratique de méditation, vos enfants s'en apercevront et l'accepteront sans problème, comme une activité normale. Parfois même, ils seront tentés de vous imiter comme ils le font souvent avec les parents. L'important, c'est que la motivation vienne d'eux-mêmes et qu'ils ne pratiquent que si ça les intéresse.

Le véritable enseignement est presque non verbalisé. Mes enfants font quelquefois du yoga avec moi parce qu'ils me voient en faire. Mais la plupart du temps, ils ont des choses plus importantes à faire. *Idem* pour la posture assise. Cependant, ils ont une idée sur ce qu'est la méditation ; ils savent combien elle est importante pour moi et que je pratique tous les jours. Et quand ils en auront envie, ils sauront s'asseoir avec une posture correcte car ils l'auront apprise avec moi quand ils étaient tout petits.

Si vous pratiquez vous-même, vous découvrirez qu'il y a des moments propices pour parler à vos enfants de la méditation. Ces suggestions ne donneront peut-être rien sur le moment, mais les graines auront été semées pour plus tard. Si votre enfant souffre d'une douleur physique, ou qu'il ait peur, ou encore s'il a du mal à s'endormir, l'occasion est favorable. Sans insister lourdement, vous pouvez lui suggérer de se brancher sur sa respiration, de la ralentir, de flotter sur les vagues dans un petit bateau, de regarder la douleur ou la peur, de chercher des images et des couleurs en utilisant son imagination pour jouer avec la situation; ensuite, vous lui rappelez que ce ne sont que des images dans sa tête – comme dans un film – qu'il peut changer l'idée, l'image, la couleur du film, et qu'après il se sentira mieux. Il aura le contrôle de la situation.

En général, cette méthode marche avec des enfants en maternelle, mais souvent, à partir de sept ans, ils trouvent ça idiot et manifestent une certaine gêne. Ensuite ça passe, et à certains moments, ils deviendront de nouveau réceptifs. En tout cas, l'idée qu'il existe des moyens intérieurs de travailler sur la douleur et la peur aura été semée; ils y reviendront quand ils auront mûri. Ils auront expérimenté directement qu'ils peuvent manier leurs pensées et leurs sentiments d'une manière qui leur donnera plus de possibilités pour résoudre les problèmes. Ce n'est pas parce que beaucoup de gens perdent la tête qu'ils doivent en faire autant.

Pièges à éviter en chemin

En suivant la voie de la pratique de la pleine conscience, les plus grands obstacles que vous rencontrerez en chemin seront sans doute les produits de votre pensée.

Par exemple, il peut vous arriver de temps en temps de penser que vous êtes parvenu à un certain niveau, surtout si vous avez fait l'expérience de moments satisfaisants qui transcendent tout ce que vous avez expérimenté jusqu'alors. Vous pourriez penser et même dire que vous êtes arrivé quelque part, que la pratique de la méditation, « ça marche ». L'ego tient à revendiquer la paternité de cette sensation spéciale. Dès que ça vous arrive, vous n'êtes plus dans le domaine de la méditation mais dans celui de la publicité. Il est facile de se laisser prendre à ce piège par lequel on utilise la pratique de la méditation pour se faire valoir.

Dès que vous êtes pris au piège, vous cessez d'avoir une vision claire. Il faudra donc vous souvenir que tous les échantillons de « moi », « je » et le « mien » ne sont que des flux de pensées qui peuvent vous emporter loin de votre cœur et de la pureté de l'expérience immédiate. Ce rappel gardera vivante la pratique au moment où nous en avons le plus besoin et que nous sommes sur le point de la trahir. Cela nous aidera à nous questionner profondément, dans un esprit de vérité en demandant : « Qu'est-ce qui se passe ? », « Qu'est-ce qui m'arrive ? »

En d'autres occasions, vous aurez au contraire l'impression que vous n'avancez pas dans votre pratique de méditation. Rien de ce que vous espériez n'est arrivé. Vous avez un sentiment de tristesse et d'ennui. Ici, encore une fois, c'est la pensée qui fait problème. Il n'y a aucun mal à éprouver des sentiments d'ennui et de sentir qu'on ne fait pas de progrès, de même qu'il n'y a aucun mal à sentir que l'on progresse dans sa pratique – en fait, c'est peut-être le cas car votre méditation s'approfondit et se renforce. Le piège consiste à exagérer l'importance de ces expériences et de ces pensées en croyant qu'elles sont spéciales. Quand vous vous attachez à votre expérience, la pratique se bloque ainsi que votre développement personnel.

EXERCICE :
Chaque fois que vous pensez que vous êtes arrivé quelque part ou que vous n'êtes pas arrivé là où vous devriez être, il serait utile de vous poser des questions du genre : « Où suis-je supposé arriver ? »,

ou : « Qui est supposé arriver quelque part ? », « Pourquoi certains états d'esprit sont-ils moins acceptables et moins présents que d'autres ? », « Est-ce que j'invite la pleine conscience à pénétrer le moment présent, ou est-ce que je ne fais que répéter automatiquement les formes de la méditation, en substituant la forme à l'essence de la pratique ? » ; enfin : « Est-ce que j'utilise la méditation comme une technique ? »

Ces questions peuvent vous aider à traverser ces moments difficiles quand des sentiments égocentriques, des habitudes inconscientes et des émotions fortes dominent votre pratique. Elles peuvent rapidement vous ramener à la fraîcheur et la beauté du moment tel qu'il est. Vous avez peut-être oublié ou pas très bien compris que la méditation est la seule activité humaine par laquelle on ne cherche pas à aller *ailleurs* mais simplement à accepter là où l'on est et ce que l'on est. La potion est dure à avaler quand on n'aime pas ce qui arrive ni où l'on se trouve, mais elle vaut la peine d'être avalée à ces moments-là.

Pleine conscience et spiritualité

Si vous cherchez le mot « esprit » dans le dictionnaire, vous trouverez qu'il vient du mot latin *spiritus* qui signifie « souffle » et du verbe *spirare*, « respirer ». Ainsi, l'action de respirer est associée au souffle de vie, à l'énergie vitale, à la conscience, et enfin à l'âme. Le souffle lui-même est le don suprême de l'esprit. Mais comme nous l'avons vu plus haut, l'étendue et la profondeur de ses vertus peuvent rester inconnues aussi longtemps que notre attention est attirée ailleurs. Le travail de la pleine conscience est d'éveiller, à chaque moment, cet instinct de vie. Rien n'est exclu du domaine spirituel.

Dans la mesure du possible, j'évite d'employer le mot « spiritualité ». Je n'en vois pas l'utilité dans le contexte de mon travail à l'hôpital ni dans d'autres lieux de réduction du stress, comme les prisons, les écoles, les associations multiethniques, sportives, etc. Tout comme je ne qualifierais pas de « spirituelle » ma propre pratique de méditation.

Je ne nie pas que la méditation peut être considérée fondamentalement comme une « pratique spirituelle ». Mais je formule des réserves sur les connotations souvent incomplètes, inexactes et erronées, associées à ce mot. La méditation est sans doute une voie de développement de la conscience et de la personnalité. Mais pour moi, le vocabulaire même de la « spiritualité » crée plus de problèmes pratiques qu'il n'en résout.

Certaines personnes définissent la méditation comme une « discipline de la conscience ». Je préfère cette formulation au terme de « pratique spirituelle » à cause de toutes les associations inconscientes liées à des croyances et des espérances mystiques que la plupart d'entre nous se refusent à analyser, et qui peuvent freiner notre développement intérieur.

Parfois, des gens viennent me trouver en disant que leur séjour à la clinique de réduction du stress a été pour eux une expérience spirituelle unique. Je m'en réjouis car cette impression vient de leur expérience immédiate de la pratique de la méditation et non d'une théorie, d'une idéologie ou d'un système de pensée. Je comprends qu'ils tentent d'exprimer ainsi une expérience intérieure au-delà des étiquettes et des mots. Mon plus grand espoir est que leur vision et leur expérience – quelles qu'elles soient – s'enracineront et resteront vivantes, qu'ils auront retenu que la pratique n'a pas de but – encore moins celui d'éprouver de profondes expériences spirituelles –, que la pleine conscience est au-delà de toute pensée, et que son travail se déroule continuellement sur la scène de « *l'ici et maintenant* ».

Le concept de spiritualité peut rétrécir notre pensée au lieu de l'élargir. Certaines choses sont considérées comme appartenant au domaine spirituel tandis que d'autres en sont arbitrairement exclues comme la science. Reconnaître une qualité spirituelle à la manière dont on respire, dont on se nourrit ou dont on gravit une montagne dépend, de toute évidence, de la façon dont nous prenons conscience de ces activités.

La pleine conscience donne aux êtres et aux choses une lumière qui est généralement associée au mot « spiritualité ». Einstein a parlé de « ce sentiment religieux et cosmique » qu'il a éprouvé en contemplant l'ordre sous-jacent de l'univers physique. La grande généticienne Barbara McClintock, dont la recherche a été ignorée et dédaignée par ses collègues masculins jusqu'à ce qu'elle ait reçu le prix Nobel à l'âge de quatre-vingts ans, évoque un « sentiment pour l'organisme vivant » au cours de ses recherches génétiques complexes sur le maïs. Finalement, la spiritualité consiste peut-être à faire l'expérience immédiate du tout et de ses interconnexions, de la vision du lien entre l'individuel et l'ensemble et que rien n'est séparé ni superflu. Lorsque vous avez cette perspective, tout devient spirituel au sens le plus profond du mot. S'adonner à la science, tout comme laver la vaisselle, devient spirituel. Ce qui compte, c'est d'être présent dans votre expérience intérieure. Tout le reste n'est que pensées...

En même temps, il faut se prémunir contre des tendances à l'emphase, à la gloriole, à se mystifier soi-même, et contre les pulsions de cruauté et d'exploitation à l'encontre d'autres êtres vivants. À toutes les époques, les gens attachés à *une vérité* spirituelle ont causé beaucoup de malheur. Tout comme des gens qui se drapent dans leur spiritualité n'hésiteront pas à faire du mal à autrui pour satisfaire leurs appétits.

En outre, le mot « spiritualité » résonne, pour l'oreille avertie, avec une certaine connotation de « plus-saint-que-moi-tu-meurs ». Des esprits étroits et chagrins placent le spirituel au-dessus du domaine « vulgaire » et « pollué » du corps et de la matière ; ils se servent ainsi de la spiritualité pour fuir la vraie vie.

D'un point de vue mythologique, l'énergie de l'esprit est ascendante selon James Hillman, partisan de la psychologie archétypale. Cet élan spirituel s'incarne dans une ascension au-dessus des attributs concrets de ce monde, vers un monde immatériel, rempli de lumière radieuse, un monde où les contraires sont réunis, où tout se fond dans l'unité cosmique du nirvana ou du paradis. Mais si la sensation d'unité est une expérience rarissime, il ne faut pas en exagérer la portée. Souvent, cela ne correspond qu'à un dixième d'expérience directe contre neuf dixièmes de « prendre ses désirs pour la réalité ». La quête de l'unité spirituelle, surtout chez les jeunes, est souvent née d'un désir romantique de transcender la douleur, la souffrance et les responsabilités de ce monde différencié, issu de l'humidité obscure.

L'*idée* de transcendance est, pour moi, une fuite en avant, un puissant combustible vers l'illusion. C'est pourquoi la tradition bouddhiste, l'école zen en particulier, insiste sur l'accomplissement complet du cercle, c'est-à-dire sur le retour vers les choses simples de la vie – ce qu'elles nomment : « Être libre et à l'aise au marché. » Cela signifie être bien centré n'importe où, dans n'importe quelles circonstances, ni en haut, ni en bas, simplement entièrement présent. Les adeptes du Zen ont coutume de citer cet adage irrévérencieux et provocateur : « *Si tu rencontres le Bouddha, tue-le !* » Cela signifie qu'il ne faut pas s'engluer dans un transfert spirituel sur le Bouddha ou dans une fixation sur l'illumination.

Dans l'image de la montagne que nous utilisons dans la méditation de la montagne, remarquez qu'il n'y a pas que la majesté des cimes qui se dresse au-dessus de la « bassesse » de la vie quotidienne; la solidité de la base, ancrée dans le roc, correspond à la volonté de s'asseoir en bravant les intempéries, le brouillard, la pluie et la neige, ce qui se traduit dans la psyché par la dépression, l'angoisse, la confusion et la souffrance.

Certains psychologues affirment que le roc symbolise l'*âme* plutôt que l'*esprit*. Sa direction est vers le bas, un voyage souterrain dans les profondeurs de l'inconscient. De même, l'eau profonde et mystérieuse, également symbole de l'âme, représente l'élément des profondeurs, qui repose au creux de la roche froide et humide.

La sensation de l'âme est enracinée dans le multiple plutôt que dans l'un, dans la complexité et l'ambiguïté, dans le particulier plutôt que le général. Les mythes et les légendes racontent les péripéties de l'âme en quête du secret de la vie, bravant mille dangers, s'enfonçant dans l'obscurité de la terre. L'âme perdue persévère néanmoins et remonte à la surface, à la lumière dorée du soleil, toujours présente, mais dont nous ne prenons conscience qu'après avoir éprouvé l'angoisse des profondeurs obscures.

Dans la plupart des cultures, les contes de fées sont en général des histoires de l'âme plutôt que des histoires de l'esprit. Comme nous l'avons vu dans le conte de *L'Élixir de vie*, le nain est une représentation de l'âme. Cendrillon est aussi une histoire de l'âme. Ici, l'archétype est représenté par les cendres, ainsi que l'a fait remarquer Robert Bly. Cendrillon, c'est-à-dire nous (car ces histoires nous représentent), est presque cachée sous la cendre, près du foyer de la cheminée, souffrant et méprisée, sa beauté dissimulée et exploitée. Mais pendant ce temps, une métamorphose se développe à l'intérieur de son âme qui culmine enfin sous la forme d'une jeune fille pleinement épanouie, radieuse sous sa chevelure d'or. Cette jeune personne, devenue avertie des turpitudes du monde, n'est plus une victime passive et naïve. Le développement de toutes les potentialités de l'être humain correspond à l'union de l'âme et de l'esprit, de l'inférieur et du supérieur, du matériel et de l'immatériel.

Pour moi, les mots « âme » et « esprit » tentent de décrire notre expérience intérieure au cours de la quête de la connaissance de nous-mêmes et de notre place dans ce monde étrange. Un véritable travail spirituel ne peut être dépourvu d'âme, et un travail rempli d'âme ne peut manquer de spiritualité. Nos démons, nos dragons, nos nains, nos sorcières et nos ogres, nos princes et nos princesses, nos grottes et nos donjons, sont tout autour de nous, prêts à nous enseigner. Mais il faut savoir les écouter et les suivre dans la quête héroïque et sans fin que nous incarnons tous dans notre vie d'homme. Peut-être que la chose la plus « spirituelle » que nous puissions faire serait simplement de tout voir par nos propres yeux, et d'agir dans un esprit d'intégrité et de bonté.

*

« [...] leurs yeux, leurs yeux anciens et brillants, sont joyeux. »

W.B. YEATS, *Lapis-lazuli*.

Autorisations

L'auteur exprime ses remerciements pour l'autorisation de publier les extraits suivants :

I am that ; Talks with Sri Nisargadatta Maharaj, enregistrés par Maurice Frydman ; textes choisis par Sukhar S. Dikshit, © 1973 Chetana Pvt. Ltd., Bombay. The Acorn Press, 1982 pour la première édition américaine.

Extraits de *Enlightened Heart* de Stephen Mitchell (Wu-Men, Chuang Tẓu, Li Po, Issa, Basho, Dogen), Harper & Row, 1989.

The Kabir Book de Robert Bly © 1971, 1977 Robert Bly, Beacon Press. Citation de Martha Graham tirée d'un article d'Agnes DeMille, publié dans le *New York Times*, le 7 avril 1991.

Extraits du *Tao-tö-king*, traduits du chinois par Stephen Mitchell, Harper Perennial, 1988.

Extrait de *The Practice of the Wild* par Gary Snyder. North Point Press, une filiale de Farrar, Straus & Giroux, Inc., © 1990 by Gary Snyder.

Extrait de *The Joy of Insight* par Victor Weisskopf, Basic Books, 1991.

Extrait de *The Snow Leopard* de Peter Matthiessen, © 1978 Peter Matthiessen, Viking Penguin, une filiale de Penguin USA.

Extrait de *Sea of Cortez* de John Steinbeck et Edward F. Ricketts, 1941, Appel Publishers.

Extraits de *Wholeness and the Implicate Order* par David Bohm, 1980, Routledge & Kegan Paul, London, Boston.

Extrait de *The World as I see It*, © 1956, 1984 by the Estate of Albert Einstein, Carol Publishing Group.

Extraits de *Introduction to Zen Buddhism* de D.T. Suzuki, Grove/Atlantic Monthly Press.

Extrait de *The Poems of W.B. Yeats : A New Edition*, édités par Richard J. Finneran, © 1940 by Georgie Yeats, renouvelé en 1968 par Bertha Georgie Yeats, Michael Butler Yeats et Anne Yeats.

En ce qui concerne les titres suivants cités par l'auteur, il existe une traduction française :

Walden, ou la vie dans les bois par Henry David Thoreau, Bibliothèque l'Âge d'Homme.

Méditation XVII, extrait de *Pour une critique des traductions : John Donne*, par Antoine Berman, Gallimard.

Le Léopard des neiges de Peter Matthiessen, Gallimard.

Dans la mer de Cortez de John Steinbeck et Edward F. Ricketts, Actes Sud.

Siddhartha de Hermann Hesse, Grasset.

Essai sur le bouddhisme zen de Dasetz Suzuki, Albin Michel.

Feuilles d'herbe de Walt Whitman, Gallimard.

La Confiance en soi de Ralph Waldo Emerson, Rivages.

Des cassettes audio « Mindfulness Meditation Practice Tapes » sont disponibles en langue anglaise. Pour tout renseignement sur la façon d'acquérir ces cassettes, l'adresse est la suivante :

STRESS REDUCTION TAPES
P.O. BOX 547
Lexington, MA 02173
USA

Table des matières

TROISIÈME PARTIE : *DANS L'ESPRIT DE LA PLEINE CONSCIENCE*

7516

Composition CHESTEROC LTD
Achevé d'imprimer en Slovaquie
par NOVOPRINT
le 24 janvier 2017.
1er dépôt légal dans la collection février 2013.

EAN 9782290068939
OTP L21EPBN000308B007

Éditions J'ai lu
87, quai Panhard-et-Levassor, 75013 Paris
Diffusion France et étranger : Flammarion